集英社新書ノンフィクション

橋を架ける者たち
——在日サッカー選手の群像

木村元彦
Kimura Yukihiko

目次

第一章　イマジン　安英学《アンヨンハ》の軌跡

イマジン

世代を問わず、あなたは朝鮮学校のＯＢ、ＯＧで何かに打ち込む若者の物語を聞いたことがあるだろうか。想像したことがあるだろうか。

二〇一三年二月一三日、黒岩祐治《くろいわゆうじ》神奈川県知事は県内の朝鮮学校に対する補助金を打ち切った。北朝鮮が三度目の核実験を行ったという前日の発表を受けての措置で、「これ以上補助金を継続するということは、県民の理解が得られない」との説明であった。

核実験の強行は問題だが、抗議をすべきは北朝鮮政府に対してであって、何の関係も無い日本の朝鮮学校で学ぶ子どもたちにそのしわ寄せを押し付けるのは整合性を欠く。事実、二月中に寄せられた県民意見では、七割以上が朝鮮学校への補助金交付に賛成という数字が出た。民意の方が冷静であった。北朝鮮による拉致被害者である横田めぐみさんの父親、滋《しげる》さんも講演会でこの問題に触れ、「(在日の) 子どもたちには何の責任もないのだから、それは筋が違う」と言明されたという。常々、「北朝鮮の問題と朝鮮学校は分けて考えなくてはいけない」という横田さんの言葉を聞くにつけ、私はコソボで見聞したひとつのシーンを思い出す。対立するセルビア人とアルバニア人の両民族間では互いに民間人を拉致するという犯罪が横行していた。問題の解決に向けて双方の拉致被害者家族が集まった会では当初、歴然たる断絶があったというが、娘を拉致されたという一人の父親が口火を切ったひとことで空気が変わった。「ここにいる家族はセルビア人もアルバニア人も同じ痛みを感じているはずだ。それを互いに想像することから解決に向かおう」。拍手が起こり、そこから対話が生まれたという。イマジン、想像力が闇に閉ざされた心の壁を氷解させたのである。我々日本人なら拉致のニュースが流れたときに、在日コリアンの人々がいかに心を痛めたかに想いを馳せる必要がある。

矜持《きょうじ》の無い政治家がポピュリズム=大衆迎合主義(神奈川の場合は大衆も望んでいなかったが)に陥り、在特会などの排外主義者が初級学校を襲うという酷《ひど》い現状を鑑みるに、では、果たして自分たちはどれだけ朝鮮学校の生徒のことを、朝鮮学校のOBたちを、直接知っているのだろうか。組織や団体の枠を超え、彼らとその仲間の生き方を描くことは、今、日本を覆っている安直なデモナイゼーション=悪玉化の霧を晴らすことになるのではないか。そして彼らの境遇で生きることを想像してみることは、稚拙な偏見を蹴散らす一歩になるのではないか。その意味でこの本は多くの日本人に読んで欲しい。

私は、遠く見果てぬ夢だった目標をたゆまぬ努力で実現させ、その過程で結果的に日本人と熱い信頼関係を築き、愛されている一人の在日サッカー選手を知っている。

名も無き人とW杯

「私は紛れも無いサッカーの敗者である。いや私だけでなく全ての朝鮮高校サッカー部員たちは敗者だった。戦わずして敗者でなくてはならない者たち。私は目標を持たない数々の名選手を知っている」

『パッチギ！』『フラガール』などを製作した一九六〇年生まれの映画プロデューサー李鳳宇《リボンウ》はかつて自分たち在日サッカー選手たちが置かれた境遇をこう書いていた。自身、京都最強と言われた京都朝鮮中高級学校サッカー部のキャプテンであった李は、母校がどんなに練習試合で無敵を誇っても、文部省（当時）管轄ではない各種学校であることを理由に、日本の高校との公式戦には出場できなかった時代を生きてきた。彼らは卒業後、社会人チームでのプレーを目指そうにも国籍が障害となり、就職もままならなかった。練習でいくら努力すれども、試合に勝ってどれだけ連勝記録を伸ばそうとも、その先の未来がイメージできない。「戦わずして敗者でなくてはならない者たち」、そして「目標を持たない数々の名選手」、否、正確には「目標を持てない数々の名選手」。これらは、日本社会が在日問題を無かったことにする「不可視の暴力」に連なる言葉でもある。

一方、フットボーラーならば全ての者が夢見るW杯出場という舞台についても、当時はサッカーにおける北朝鮮と日本の実力差がまだ歴然としてあり、いわゆる本国が注目して代表に戦力として呼ぶのは、在日朝鮮蹴球団（一九六一年に在日朝鮮人サッカー選手によって結成されたサッカーチーム、一時は日本最強と言われた）の特別な選手のみであった。一九六六年に行われたW杯イングランド大会で北朝鮮代表はベスト8に入ったが、そのときのメンバーは全て本国の選手であり、在日の側からすれば憧れの対象でしかなかった。法務省から再入国許可が下り、八〇年代に何人もの在日選手を平壌《ピョンヤン》の代表合宿に連れて行ったキム・ミョンシク（当時東京朝鮮中高級学校監督）によれば「（北朝鮮は）政治的な思惑から在日の選手の枠を作って招集してくれていたが、実際にレギュラーと言えたのはキム・ガンホ（当時在日朝鮮蹴球団キャプテン）だけだった。平壌に行ってもお客さん扱いで、合宿も途中参加で練習が終わればそこでおしまい。どうぞホテルに帰って下さいという感じだった。元々、国内の選抜チームで日々鍛錬しているわけだから、その現場に外から入れるということはその分、国内の選手を外すことになる。本国の選手と同程度の実力ならば、在日の選手は落とされた「本国」という呼び方からしてそこには、「主導する側」という現実と意識がある。

やがて、一九九〇年代に入り、日本サッカーがプロ化されると、一人のパイオニアが生まれた。Jリーグの舞台に進んで実力で道筋を作り、北朝鮮代表にも選出されて在日サッカー選手の将来を照らした彼は「自分の選手としての原点はサッカー浪人をしていた一九歳のときです」と言う。

一九歳。幼少期からの育成のサイクルが早くなった現在のサッカーの世界ではとうにプロ契約を済ませて代表デビューを飾っていてもおかしくない年齢である。実際同年齢で中田英寿はアトランタ五輪にその雄姿を見せ、メッシは既にゴールデンボーイ賞を受賞し、ネイマールはリベルタドーレス杯優勝の立役者になっている。いわばすでに完成されて脚光を浴びている世代である。しかし、彼は一九歳でプロどころか、どこのチームにも所属していないまったく無名の少年だった。そんな男がやがて国家代表になり、W杯に出場した。このドラマのようなストーリーを支えたのはサッカー部の出身でもなく、コーチ経験も無い、これまたまったく無名のただのサッカー好きの男だった。

浪人生とただの男。二人は何も無いところから、夢を見て実現させた。

「本当は続けたいんだろ」

これでもうサッカーは終わりだな。冷徹な現実を突き付けられて安英学《アンヨンハ》はそう思った。一九九六年、ヨンハが高校三年の年に朝鮮高校は全国高校選手権への参加がついに許可された。これより数年前、東京のリー・ジェファ、茨城のユン・テジョ、二人の朝高サッカー部監督が日本弁護士連合会の人権擁護委員会を通じて朝鮮高校サッカー部を全国高等学校体育連盟（高体連）に加盟させるように働きかけていた。頭の固い朝鮮総聯《そうれん》の中央本部からは「何を勝手なことをお前らはやっているんだ」と叱責罵倒されながらも、彼らは組織ではなく子どもたちの将来を考えて献身的に動いた。その活動が奏功し、高体連の準加盟という形で参加が実現したのであった。かつて幻の高校日本最強チームと言われた東京朝鮮高校である。「先輩たちは帝京や国見や清商（清水商・当時）に胸を貸しても負けなかった」

ヨンハの同級生たちも大きなモチベーションを携えて試合に臨んだ。しかし、結果は全国制覇どころか、東京都予選ベスト16で敗退というものであった。Jリーグの発足に伴い、日本の子どもたちのサッカー競技人口が増え、底上げが成されたことも要因であろう。もっと早く朝高の参加が認められていればと悔やむ関係者もいたが、負けは負けである。ヨンハ自身もまったく良いプレーができなかった。Jリーグに入ってプロ選手になりたいという漠とした夢はあった。けれどそこは、全国大会で活躍してもオファーが来るのはほんの一握りという厳しい世界である。実際、後にイビツァ・オシムによって日本代表にも選出され、名古屋グランパスで不動のボランチとして活躍する市立船橋高校の中村直志《なかむらなおし》は、この年の高校選手権での全国優勝に貢献するも、Jリーグのクラブからは声が掛からず日大に進学している。その選手権の舞台にすら立てないのに「プロに行きたい」などと口にすることは憚《はばか》られた。「仏のヨンハ」と同級生にあだ名をつけられるほど心の優しい男である。裕福ではない家のことを考えると、夢を見ることは許されない、もうきれいさっぱりとサッカーはやめて就職しようと心に決めた。

それからはもう友だちと遊びほうけた。三年間の燃え尽き症候群もあってそれなりに楽しかったが、空《むな》しさは常に心のどこかにあった。年が明けて、正月を迎える。

新年を祝う親戚の集いがあった。

宴席で叔父や叔母たちに聞かれた。「ヨンハは進路をどうするんだ?」

つとめて明るく答えた。「朝銀(朝銀信用組合)にでも就職しようかと思っている」

周囲も予想していた答えに座は盛り上がった。「そうだな。しっかり働いて、まあ、三〇くらいになったら、いい嫁を紹介するから」

ヨンハも合わせるように笑った。

宴が進んで、そろそろ散会というとき、突然一人の男が末席から声を上げた。母の姉の息子、ヨンハにとってはいとこにあたる。

「お前、本当は続けたいんだろ」

何を、とは敢えて言わなかった。

びくりとした。

できることならまだサッカーをやり続けたかった。しかし、今の家庭環境でそんな贅沢《ぜいたく》は許されないと、誰に対しても口には出さなかった。その思いをこの年上のいとこは見抜いていた。いとこもかつては有望なバレーボールの選手であった。

「俺はな、バレーが好きで本当はやり続けたかった。でも断念して就職した。今は自分で始めた商売も上手《うま》くいって、人は成功したと思うかもしれない。だがその後悔はずっと残っている。お前は悔いるような道は選ぶな。プロになりたいのだったら、それを目指せばいいじゃないか。まず大学で続けろ。今年の受験は無理でも今から予備校へ行け。やるだけやってみろ。それでもダメだったら胸を張って戻って来い」

女手ひとつで兄弟二人を育ててくれた母親もそこまで話を聞くと賛同してくれた。

高校卒業を目前にして大きな進路変更がなされた。就職はやめて浪人生活が始まった。在日朝鮮人である自分がプロになるためには何が必要かを調べ上げた。

Jリーグは各チームに外国籍選手の枠を三つまで設けているが、ここは即戦力であるブラジルやヨーロッパの選手で埋められてしまう。他に外国人特別枠、通称「在日枠」というものが存在する。日本国籍を持たない者でも、日本で生まれ学校教育法の定める一条校を卒業していれば外国籍選手と見なされず入団できるというもので、一チームに一人だけ存在が認められている。狙う枠はここであった。非一条校の民族学校出身のヨンハはそのためにも日本の大学に進む必要があった。またたとえ大学を中退したとしても入団テストを受けられるように、日本の高校卒業資格も取得しておこうと、上野高校の定時制にも通うことにした。

目指すのは大学卒業時のプロ入りである。自宅で入試用の勉強を重ねながらも、一九歳という極めて重要な時期にトレーニングを怠るわけにはいかない。ライバルになるであろう同世代の選手たちは、すでに大学や所属クラブで合宿や公式戦を通じて研鑽《けんさん》を積んでいるのだ。そのハンディを埋めるためにも練習は不可欠だが、サッカーはチームスポーツであるが故に一人でやるには限界がある。どこかトレーニングができる場所はないか探していたところ、同級生が声をかけてくれた。

「練習をしたいのなら、荒川に行くといいよ」

荒川区は済州島《チェジュ》高内里《コネリ》出身者のコリアンが多く居住する地域である。

そこには東京朝鮮第一初中級学校のOBたちが作ったサッカーチームがあった。ヨンハはこの場所で「あの人と巡り合っていなかったらプロになっていなかった」という出会いを果たす。

東大グラウンド

パク・トゥギは荒川の朝鮮第一初中級学校では知られたサッカー選手だった。高校に進んでも当然続けるつもりであったが、中学のOBに「悪魔のような先輩」がいた。

「お前は俺と同じラグビー部に入れ。入らなかったら毎日ヤキ入れだ」

朝高は先輩、後輩の関係が厳しい縦社会である。渋々、ラグビー部に入るも好きではなかった競技が長く続くはずもなく、中途で退部してしまった。ラグビー部を辞めたあとはどこにも属さずに過ごしていた。たまにパチンコ部の活動と称して右手一本で結構な額を稼いではタクシーで登校したりしていた。ただそれでもサッカーは好きで、朝高卒業後は仕事をしながらこの地元のOBチームでプレーを再開していた。

サッカーが校技と言われる朝高でサッカー部出身ではないという点からも、トゥギは在日サッカー史の中で極めて特異な人物である。

「じゃあここに名前と電話番号を書いて」

荒川を訪ねたヨンハは天然パーマのいかつい男にいきなり声をかけられてギョッとしたが、言われるままにすると、それは即、「荒川」チームへの選手登録を意味するものだった。トゥギは高校時代の不完全燃焼を補うかのようにこの草サッカーチームに全力を傾けていた。

練習もそこそこになると、トゥギはこの新人に話しかけた。

「プロを目指してるんだって？」

ヨンハは何者かも良く分からないこの人物におそるおそる答えた。

「はい。まず日本の大学に入って、そこでプレーをして認められてJリーグに入ろうと思ってます。そのためにもこの一年をブランクにしたくないんです」

それを聞くとトゥギは、

「そうか。ああ、ヨンハならなれるよ」。ヨンハが驚くほど、即座に強い口調で断言した。

トゥギはヨンハより五歳年上で、同じ時期に高校に通ったことは無かったが、一緒にプレーをしてみて視野の広さとボール奪取のセンスの良さを感じていた。

それからである。トゥギはチームの練習のみならず、ヨンハのたった一人の練習に個人トレーナーよろしく徹底的につきあい始めた。実家が営むパチンコ店の景品引き換え所の仕事をやりながら、空いた時間はほとんどヨンハの練習のために費やした。景品交換の仕事は隔日なので融通も利いた。家からそう遠くない文京区本郷に東京大学の御殿下《ごてんした》グラウンドがあった。たまたま試合でこの芝のサッカー場の存在を知っていたトゥギは、さっそくヨンハを連れて行った。挨拶をされた東大のサッカー部員たちは一風変わった二人の話を聞くと、快く協力を約束し、チームの立ち上がり時期の春の練習には参加までさせてくれた。以降、東大グラウンドが二人の練習場となった。

朝は六時に日暮里《にっぽり》駅に集合して御殿下まで移動、午前中はたっぷりと二人で基礎練習をし、午後は昼休みに出てきた東大の学生や職員のゲームに自然に交じってボールを蹴った。東大の草サッカー選手たちも学校とは関係の無いこの在日の二人を、まるで古くからの知り合いであるかのように受け入れていた。ある日は体育の授業とぶつかった。種目を聞くとサッカーをやるというので、「やらせて下さい」というと教員も学生も迎え入れてトゥギとヨンハは東大の授業を受けた。学生たちが姿を消すと、それから二人は対人のロングキックとリフティングを延々と続ける。ことあるごとに行った一対一の攻防では手加減無しのショルダーチャージをぶつけ合い、ファウルも辞さない勢いで激しくやりあった。毎週金曜日はさらに一九時から荒川のチームに入っての全体練習で、ヨンハは御殿下から荒川まで走って通った。ときにはトータルすると一日一二時間の練習をしていた。

早朝から豪雨の日があった。ヨンハが「今日はどうします?」と電話で聞くと、トゥギは一言、「ラッキー、貸切りじゃん」と言った。ヨンハは苦笑しながら、ウインドブレーカーを重ね着してすぐさま飛び出していった。高校時代のヨンハは、プロの目から見れば、競り合いに足を伸ばしてボールを奪うスキルは高かったが、それ以外はこれという際立つプレーが少なかった。しかし、この時期のハードワークでフィジカルが飛躍的に向上した。強靭《きょうじん》な肉体は連日続けられた反復練習を支え、やがて技術のレベルアップに繋《つな》がっていった。トゥギはことあるごとに「ヨンハは必ずプロになれる。大事なのは魂だよ、魂」と言い続けた。

プロ選手を輩出する「Tリーグ」

荒川チームに入ったヨンハが、在日サッカーの全国大会予選で大田支部と戦ったときに激しいチャージを繰り返す選手がいた。ボランチのヨンハとちょうどマッチアップするポジションにいたので、最後は意地のぶつかり合いになって激しい応酬がホイッスルが鳴るまで続いた。散々削られたが、試合が終わると向こうから握手を求めて来た。

「君、上手いね。普段何やっているの？」

「プロになりたくて今、大学受験の浪人中です」

相手はふっと緩んだ顔をした。

「そうか、俺、立正大を卒業してんだよ。そういうことならサッカー部の監督を、紹介するよ。練習に参加してみろよ」

リ・ソンジュン、あだ名はタイガーといった。偶然にもトゥギの同級生だった。願ってもない誘いであり、夏休みに一ヶ月練習に通った。当時、立正大は東京都リーグの一部、関東大学リーグの三部にあたるカテゴリーにいた。練習を見た監督はブランクを感じさせないどころか、誰よりも運動量のあるヨンハのプレーを認めてくれた。これで進むべき学校が決まった。途中、リーグ戦の成績が悪くなり、大学側から強化指定選手の枠を取り消されて一般入試に回されるというアクシデントがあった。しかし、そこからの猛勉強が実を結んだ。そもそも朝鮮語を母国語として教える朝鮮学校の授業カリキュラムは日本の受験対策には向いていない。そのハンディも乗り越えてむしろ入試も好成績で入学が認められた。

勉強の自信もついた。とはいえあくまでも目標はプロ入りである。立正大のサッカー部はグラウンドの照明設備も筋力トレーニングの環境も整っていて、ここならレベルアップできるという確信が持てた。全体練習の後は必ず居残り練習をすることを自らに課し、一日おきの筋トレも欠かさなかった。比較的時間のあった一年生のころは、荒川チームの試合にも出場して在日の全国大会で優勝を飾った。トゥギはこの大会の準決勝で相手と競り合い、右肘を脱臼するもタンカで運ばれながら指示を出し続けた。「俺のいたポジションに〇〇を入れて、リベロを抜いて……」

ヨンハは、この人の熱さは一体何なのだろうと思った。草サッカーの大会で肘に大ケガをして、普通なら明日からの仕事を考えて気持ちが萎えるはずだ。しかし、まだ魂はグラウンドにある。改めてトゥギに「闘将」というニックネームを進呈した。

大学三年時、ついに転機が訪れた。アルビレックス新潟の強化部長（当時）である若杉透が立正大のキャプテンの新井健二（前シンガポールリーグ／ホーム・ユナイテッド）を見るために大学を訪れると、練習後も黙々と一人でトレーニングを続けているヨンハに目を留めた。若杉はその体幹の強さに見入った。激しくぶつかっても軸がブレずに倒れない。それは日本のジュニア育成では稀有《けう》なボディバランスとして若杉の目には映ったが、それこそが、東大グラウンドで闘将トゥギとぶつかりあって培ったものであった。ヨンハは四年生になるとアルビレックスの練習に呼ばれた。実質的なテストであった。

初日が終わると若杉に寿司屋に誘われた。部長同席で寿司屋となれば、すでに嬉《うれ》しい回答が用意されているのではないかと内心喜びながら暖簾《のれん》をくぐった。ところが、言われたのは「このままでは（君を採るのは）難しい」との崖っぷちの宣告だった。プレーにはプロテスト一日目であるがゆえの気負いにもたらされた硬さがあった。奈落に突き落とされた気分だった。入団できなければ、何のために浪人までしたのか、分からなくなる。ダメだったと胸をはって帰るにしてもまだ早すぎる。

あとが無くなった二日目、気持ちを入れなおした。ここで落ちれば今までの努力が水泡に帰する。土壇場であることを自分に言い聞かせて、集中力を研ぎ澄ましてゲームに臨んだ。するとどうだろう。マークする相手の動きが見えて身体が自然に反応した。得意の一対一ではプロを相手にほとんどを止めてしまった。ヨンハは改めて気持ちを込めてプレーすることでパフォーマンスが格段に上がることを学んだ。練習後、監督（当時）の反町康治《そりまちやすはる》は短くこれだけ言った。

「おう、来年待っているから」。ついにプロ入りが決まった。トゥギに電話連絡をすると「やっぱり、魂だよ。俺の言った通りだろ？」と喜んでくれた。

年が明けるとアルビレックスの沖縄キャンプに参加する。ストイックな努力が実を結んで基礎体力は他を圧した。ルーキーながら一二分間走り続けるクーパー走でチームダントツの一位の距離を走破。これが反町の目に留まり、開幕先発の座を摑《つか》んだ。浪人のハンディを凌駕《りょうが》してプロ生活を快調にスタートさせた。

一方、トゥギはヨンハとの出会いの後、後輩や子どもたちのための指導をボランティアで始めていた。「蹴りたい奴は来いよ」と言うと口コミでどんどん広がって行った。東京朝鮮高校のグラウンドの奥、かつて部室があったミニコートほどのアップスペースでただただゲームをするだけであったが、OBも中学生も、そして現役高校生も学校の練習が終わるとそのまま参加した。いつしか、アップスペースは金日成《キムイルソン》競技場《キョンギジャン》ならぬパク・トゥギ競技場《キョンギジャン》と呼ばれ、練習はトゥギ練と称された。「トゥギ練はとにかく楽しい」と好評を博し、そのうちにゲームは参加している子どもたちによってトゥギと闘将の頭文字を取って「Tリーグ」と名づけられた。そして特筆すべきことはそのTリーグからは数多くのプロサッカー選手が生まれるのである。ヨンハを筆頭にキム・キス（水戸ホーリーホック）、カン・ソンホ（大分トリニータ）、ファン・ソンス（ジュビロ磐田）、リ・チソン（ジェフユナイテッド市原・千葉）、Kリーグへはチン・チャンス（富川《プチヨン》FC）、ユン・ヨンスン（大邱《テグ》FC）が渡っていった。鄭大世《チヨンテセ》（川崎フロンターレ）も蹴りに来た。ただのサッカー好きの人物が勝手に始めたミニゲームは、雲霞《うんか》の如く人材を輩出していった。保護者からも信頼されたトゥギは、不登校児や単親家庭で情緒不安定な子どものところに原付バイクでかけつけては相談に乗り、リハビリと称してサッカーに誘った。やがてそういう子どもがプロの道に進んだり、Jリーグのスタッフになったりしていった。彼らは俗にTリーガーと呼ばれた。かつてはほとんどの関東出身の在日Jリーガーが参加していたと言っても過言ではない、ものすごい数のプロ輩出率である。けれど、決してトゥギは仰々しいことを言わない。

「俺はただサッカーが好きなだけだよ。好きな者同士の繋がりだよ」

在日の北朝鮮代表選手

二〇〇四年、ヨンハはパイオニアとしてもうひとつの風穴を開けることとなった。

アメリカW杯予選のドーハ大会で日本と韓国に敗れて以降、フランス（一九九八年）、日韓（二〇〇二年）と二大会続けてW杯予選のエントリーを止めていた北朝鮮サッカー協会は、ここに来て再び国際大会への出場に意欲を見せ、ドイツW杯予選に参加を表明していた。この年、アジア最終予選出場をかけた一次予選でUAE、タイ、イエメンと同じグループに入った北朝鮮チームは、本国の選手だけで代表を編成していたが、リーグ戦前半を終え、首位をＵＡＥに譲っていた。突破できるのは一位だけで、まさに敗退の危機にあった。最終予選進出の条件を勝ち取るためには、次戦タイとの対決は絶対に負けられない。ここでヨンハに招集がかかった。

背景には一人の男の存在があった。在日本朝鮮人蹴球協会の理事長リ・ガンホンが、本国に対して強力にヨンハをプッシュしたのである。ガンホンはかつて指導者として全国を飛び回り、在日の若い世代を指導していく過程で、子どもたちに見せるべき「夢」の存在が希薄になっていることに気がついていた。日本の子どもたちは日本代表がＷ杯予選を戦うのを見て、自分もＪリーグでプロになってＷ杯に行くという夢をイメージできる。しかし、朝鮮学校の子どもたちは、教師や監督から「日本の学校に勝て」と言われる割に、なかなかその先の目標を見出せなかった。だからどんなに上手くても向上心がそこで終わってしまう。大人としての使命は、子どもたちに具体的な夢の道筋を作ってあげることだ。在日という国は無いわけだから、北朝鮮代表になってＷ杯を目指すという夢を大人が作らなくてはいけない。在日の選手がプロになってＷ杯に出ることができれば、それを現実に目で見た子どもたちは大きな目標を見出せると考えたガンホンは、ヨンハを代表に推すことに全力を注いだ。平壌の体育関係組織の上から下まで徹底的に根回しをし、北朝鮮代表監督に、「得失点差で負けている今は点が欲しい局面じゃないですか。ヨンハは点を取れます。大丈夫、責任は全て自分が負います」と申し入れた。

本国のサッカー協会が在日の選手を使って、もしも負けたときに組織的な責任論になることを見越しての要求であった。その上でサッカー協会のみならず、本国の政治家、朝鮮労働党の幹部たちも説得した。

「在日の選手が先発で出場することによって、日本で暮らす同胞が、どれだけ喜ぶか考えてみて下さい」。最後は朝鮮総聯から推薦の文書まで取り付けて本国に送ったガンホンに、ヨンハはこう言われて背中を押された。「ラストチャンスやと思え。とにかく点を取れ、ゴールを取って来い」

ヨンハを点を取れる選手としてプレゼンテーションした根拠はあった。アルビレックス新潟が八月一日に行ったワールドチャレンジマッチのバレンシア戦でのことである。味方CKの際に、僚友の山口素弘《やまぐちもとひろ》が「相手はゾーン（ディフェンス）だから一歩遅れる。ヨンハ、ニアに上がれ」とささやいた。かねてから山口のサッカー眼に敬服していたヨンハはその通りに飛び込むと、図ったようにキッカーの鈴木慎吾からのボールが来た。ヘディングでたたき込んだ。先制点を決めるとその勢いのままに続けてミドルシュートも決めてMVPを受賞していたのである。得点感覚の無い選手にはできない芸当である。ガンホンはスペインの名門チーム相手に2ゴールを挙げた結果を武器に周囲を説得していった。

しかし、ヨンハ自身の驚きは小さくなかった。自分は本来はボール奪取に長《た》けた守備的MF

で、ゴールを決めるというのはあくまでも二次的なものだと思っていた。それでもここで期待に応えないともう後が無いということは自覚していた。代表招集は実は二度目であった。アルビレックス入団の二〇〇二年の南北統一サッカー大会に北朝鮮代表として呼ばれていたのである。北朝鮮工作員や土台人（工作員が日本における最初の「基地」とする日本在住の人間）による日本人拉致事件を、北朝鮮政府が認めたまさにその年であった。ヨンハと拉致問題はまったく関係が無いにもかかわらず、「なぜ、拉致したような国の選手をアルビレックスは使うのか」というクラブへの電話、HPへの心無い書き込みなどが一部横行した。周囲の気遣いで直接目にすることなどは無かったが、人一倍心を痛めていた。そんなとき、拉致問題の現場ともなった新潟でひとりのサポーターが、練習後にヨンハを呼び止めた。「どんな事件が起こってもスポーツと政治は別だから。今までのように君はサッカーに集中すればいい。僕たちはサッカー選手としての君をずっと応援しているから」と言ってくれた。この言葉は心を強くうった。名前も名乗らなかったが、ヨンハはその人の顔を今でも覚えている。

チームを離れるのはJ1昇格争いの最中、横浜FCとの試合の直後であった。それにもかかわらず、アルビレックスサポーターはスタジアムでヨンハのチャント（応援歌）を歌って送り出してくれた。

「オーッ、アン・ヨンハッ、イギョラ（勝て）、イギョラ、アン・ヨンハッ」

いつまでも続く歌声に感謝の気持ちで胸がいっぱいになった。

こんな思いをしながら行った平壌であるが、いざ着いてみると、連絡の行き違いから、本国のチームでは代表に不参加だと思われていた。Jリーグでの日程から始動日に遅れたために「君は来ないと聞いていた」と言われてしまう。当初は練習着すらもらえなかった。それでも、見送ってくれたサポーターのためにも帰るわけにはいかない。アルビレックスのウエアで練習に参加した。体力測定では「日本から来た奴に負けるな」と野次も飛んだ。朝鮮語が分かるヨンハにはきつい言葉として響いた。アウェイの空気を感じながらもそのフィジカルの強さを見せつけた。徐々に実力を認めさせ、練習着、ジャージ、ユニフォームとゲットし、最後は代表のスーツまで獲得した。

力で勝ち得た代表の座であった。しかし、いざ統一サッカーの試合になると、後半の残り五分に顔見世のように途中投入されただけであった。やはり普段から熟成されている本国のチームに、途中から在日の選手が食い込むのは至難の業であった。

二年ぶりの代表招集では本職の守備だけではなく、その上で更に点を取るという使命を遂行しなければならなかった。自分の評価が落ちれば、それは同時に在日の選手の評価に直結する。ひいては後輩たちの代表入りの道も断たれてしまう。チームに合流すると監督の指示もただひとつ、「点を取れ」というものであった。試合の前日は悶々《もんもん》としてまったく眠れなかった。

二〇〇四年九月八日、平壌・羊角島競技場《ヤンガクトキヨンギジヤン》でのタイ戦が始まった。サイドハーフでの先発出場を果たしたヨンハはプレッシャーの中、とにかくボールが来たらシュートを心がける。撃ち続けた。しかし、前半はゴールの枠にすら飛ばなかった。その度にスタンドからは大きな嘆息が漏れた。必死だった。

魂がボールに乗り移ったのは後半だった。相手のクリアボールをペナルティエリアの外で呼び込み、胸でトラップすると自然と利き足ではない左足が動いた。「出せ」というパスを求める声も聞こえたが、ゾーンに入ったヨンハは躊躇《ちゆうちょ》無くゴール目掛けて振りぬいた。これが見事に決まった。もう一度やれと言われても不可能なファインゴールだった。先取点を決めたことでリラックスすると、動きの硬さもとれる。味方も加点して3対1となった終盤、ダメ押しとなる4点目を今度は右足のミドルでたたき込んだ。ヨンハの活躍が起爆剤となって4対1で勝利した。得失点で実に3の上積みである。ロッカーへ引き揚げるとき、平壌の記者は「運命のゴールだったな」と声をかけてきた。その意味はやがて分かる。ヨンハはレギュラーに定着、ドイツW杯予選を戦っていくうちに、その人柄も相まって精神的支柱としてチームには無くてはならない存在となっていった。

これ以降、在日の選手が北朝鮮代表に入って行く流れができた。サンフレッチェ広島（当時）のイ・ハンジェ、そして川崎フロンターレ（当時）の鄭大世、ベガルタ仙台の梁勇基《リヤンヨンギ》……。

「敵性国家」への移籍

二〇〇六年一月。ヨンハは三つ目の扉を開ける。現役北朝鮮代表でありながら、オファーがあった韓国Kリーグ、釜山《プサン》アイパークへの移籍を決めたのである。北朝鮮と休戦にある韓国では過去、「朝鮮籍」を持つ在日の人々の入国をコントロールしてきた背景がある。

共産主義や北朝鮮を賛美する行為を取り締まる国家保安法も未だに存在する。当然ながら「敵性国家」である韓国への移籍に、朝鮮総聯の内部でも当初は激烈な反対があった。「南北問題はそんなに簡単なものではない。北朝鮮代表のお前に対する誹謗《ひぼう》中傷はすごいぞ」と「忠告」する人もいた。それでもヨンハは意志を貫いた。祖父の故郷である韓国でのプレーは悲願でもあった。思いを正直に伝え続けた。元々謙虚な性格は誰からも愛されていた。反対していた総聯の幹部も最後は壮行会まで開き、握手で送り出してくれた。朝鮮籍のまま韓国へ飛んだ。実際に、釜山でプレーを始めたら、市民や選手は想像以上に温かく迎えてくれた。北の選手だからという偏見を感じることはなかった。

それでもというか、だからというのか、もうこれでヨンハの北朝鮮代表選出は無くなったとほとんどの人々は考えた。過去、リャン・キュサという選手が在日朝鮮蹴球団時代に北朝鮮代表に呼ばれていた。しかし彼がKリーグの蔚山《ウルサン》現代《ヒョンデ》に移籍するともう二度と招集はかからなくなった。南北首脳会談で融和が進んだとはいえ、国際法上ではまだ戦争が終わっていない敵性国へ行った選手を代表に呼ぶという前例も無ければ、今後もそのようなことは起こりえないと目されていた。ある関係者は「脱北」に近い行為と言われても仕方が無いのではないかとまで言った。ところが、二年後の二〇〇八年一月、再びヨンハに代表からの声がかかった。

私が取材したところによればむしろ、在日蹴球界の方に諦めのムードがあったが、北朝鮮チームの方からぜひヨンハをもう一度代表に欲しいという強い要望があったという。ヨンハは前例の無い再招集を実現させた。換言すれば、以降もKリーグに移籍した選手が、北朝鮮代表に選出されることの実績を残したと言える。かつてない南北の交流をサッカー選手としてやってのけた。

四四年ぶりのW杯出場

二〇〇九年。南アフリカW杯アジア最終予選のメンバーにヨンハは選出された。所属するグループBで戦う相手はイラン、サウジアラビア、UAE、そして韓国。全てがW杯常連の強豪国であった。事前の予想では不利と言われていた北朝鮮は、予選が始まるとヨンハの驚異的な運動量に支えられた堅い守りで躍進を続けた。しかし、好事魔多し。ヨンハは五月初旬、所属チーム水原三星《スウォンサムソン》ブルーウィングスでの練習中に内側側副靭帯《じんたい》を切る大ケガをしてしまう。W杯出場資格である上位二位につける北朝鮮は、残り二試合にその浮沈がかかっていた。イラン戦が六月六日、サウジアラビア戦が六月一七日に行われる予定であったが、ケガの状態が全治六週間と診断されたために、クラブの監督は代表戦には回復が間に合わないから行かせないと明言した。しかし、ここで参戦しなければサッカー選手ではない。ヨンハは契約解除されても行きたいと訴えた。たとえ足がちぎれてしまおうともこのまま試合に出られなければ一生の悔いが残る。親身になってくれたコーチの後押しもあって、切実な願いはようやく監督に聞き入れられた。ただホームの平壌に着いても全力で走ることはまだできなかった。足をテーピングでぐるぐる巻きにして試合に臨んだ。もう二度とサッカーができなくてもいい、そんな思いで痛みを忘れてひたすら全力でプレーを続けた。イラン戦は0対0のスコアレスドロー。この結果、最後のサウジ戦は勝てば自動的に引き分けでも二位を争うイランが引き分け以下ならW杯に行けるということになった。六月一七日、ケガはとても完治とは言えなかったが、七万人のサウジサポーターが陣取る敵地リヤドでの最終戦では途中でテーピングさえも取ってしまった。気温四二度の中、途中投入されたMFキム・ヨンジュンがレッドカードで一発退場により劣勢に立たされるもまさに火が出るようなサウジの猛攻を耐えに耐えた。途中、ペナルティエリア付近で自らが犯してしまったファウルが二回。心臓が止まる思いがしたが、FKも守りきった。そしてついに、北朝鮮の四四年ぶりのW杯出場を決めるホイッスルが鳴った瞬間、ヨンハは人目も憚らずに号泣した。そのときの様子を茶目っ気を交えて彼はこう表現した。

「いろんなことを思い出してしまって。あんなに泣いたのは自分が赤ん坊として生まれてきたとき以来です」

振り返ってみれば、育成の枠組みから見てもヨンハは異色だった。サッカーを始めたころから、専門のコーチについたわけでもない。朝鮮学校も財政が逼迫《ひっぱく》しているから、薄給でもあり多くの教師を雇えない。初級学校のときのサッカー部の監督はボクシング部出身で、中級学校の監督は吹奏楽部のOBだった。

二〇一〇年、夢の舞台である南アフリカW杯。ヨンハはブラジル、ポルトガル、コートジボワールを相手にグループリーグ三試合の全てにフル出場し、走行距離三六・二二キロを記録した。これはグループリーグに出場した全ての国の選手の中で最長のものであった。決勝トーナメントには進めなかったが、彼にとっては大きな勲章となった。一三年前、まだ何者でもなく、御殿下グラウンドでただのサッカー好きの先輩とたった二人でボールを蹴っていたかつての浪人生は、W杯で世界の誰よりも多く走ったのだ。

それでも夢は叶った

二〇一三年一月四日。東京朝高のグラウンドの隅ではこの日もTリーグが行われていた。正月二日から蹴り始め、連日一二時から一七時までぶっ通しなのでさすがに暗くなるころには皆、疲労度が濃い。中央大学から川崎フロンターレへの入団が決まっているアン・ビョンジュンが「今日はこれで失礼します」と言うと、鄭大世のマネージメント・オフィスで仕事をしているカン・ヨンが「こいつ、ピヨってる（びびってる）な」と笑った。ビョンジュンは少し膝を悪くしていたのだが、トゥギが強引にゴールキーパーをやらせていたのだ。プロ入りを直前に控えた大事な時期に無理をさせるわけにはいかない。

ヨンはTリーグに来てから高校の現役時代以上に自分はサッカーが好きになったし、上手くなったと感じている。今ではトゥギの右腕として連絡役を担っている。

ヨンハは後輩たちと一緒にジュースを買って戻ってくると、「まだまだやるぞ」と活を入れた。

「あの一九歳のときの自分に……」。私は安英学に問いかける。「君はその後、プロ選手になって、北朝鮮の代表選手になって、韓国でもプレーして、そしてW杯に行くんだよと言ったら、どう思っただろうか?」

ヨンハは笑いながら即答する。「絶対信じなかったでしょうね。何？　そんなわけないじゃん。お前誰だよって、言っていますね」

それでも夢は叶った。そしてこの年の一月一日をもって、ヨンハは現役最後の更なる集大成を目指して、所属していた天皇杯の覇者柏レイソルを退団した。Jリーグの他のチームからのオファーもあったが、それら全てを断り、退路を断って目指すのはヨーロッパでのプレーであった。もしかするとこのリスクを冒すことで引退を余儀なくされるかもしれないが、妻も理解してくれた。最後の夢。海外移籍。「そのためにも初心に戻ろうと、ここで、Tリーグでまた蹴ろうと思って来たんです」

再び、荒川へ

二〇一三年一月一七日。ヨンハは妻と二歳の息子を連れてドイツへと旅立った。一月三一日にヨーロッパへの移籍のウインドー（登録期間）は閉まってしまう。

ヨーロッパ移籍をもう代理人任せにせずに自分で切り開こうという覚悟の渡航だった。ヨーロッパでの受け入れを頼んだのはリャン・スソン。彼もまたTリーガーであった。トゥギとボールを蹴り、朝鮮第一初中級学校を卒業後、山梨の帝京第三高、流通経済大と進み、大学卒業後はオーストラリア、ドイツに渡って留学生としてプレーを続けていた。今はケルンのチームで九歳以下の子どもたちを指導している。ヨンハはスソンと合流し、ドイツ国内のクラブを見て回り、ときには直接売り込んだ。フランクフルトでは練習を見た二部リーグのチームにアポイント無しで飛び込んで、プロフィールとプレーのDVDを強化担当者に渡して来た。ヨーロッパサッカーを体感しようと積極的に動き回り、ドルトムントでは大前元紀《おおまえげんき》（清水エスパルス）が出場したデュッセルドルフとの試合を観戦し、ケルンではアマチュアのフットサルチームに参加した。アマチュアの選手とのプレーでは大きな刺激を受けた。

「一六歳から六三歳まで、幅広い年齢層の人たちが同じチームでやっているんです。それでいてプレーには一切の遠慮が無いんです。六三歳の人にもガンガン強く当たって行くし、またその初老の人もそれを当然と受け止めて身体を張っているんです。六三歳の人には僕もミスするとすごく怒鳴られましたよ（笑）。何やっているんだって。でも逆にいいプレーをするとすぐに褒めてくれる。ドイツの闘将ですね（笑）。スソンがコーチしていた八歳や九歳の子どもたちとも一緒に蹴りました。これも驚いたんですが、僕がボールを持つと、その周りにいる子どもたち四、五人がいっせいに『ヨンハ、ヨンハ』と呼ぶんです。『自分にボールを出せ』って言うんです。『出せ、出せ』、こういう自己主張ってなかなかアジアでは無いですよね。すごく楽しかったです」

ヨーロッパならば三部リーグでも四部リーグのチームでも良いからプレーをしたいという意

志を持っての渡航であったが、ひとつの誤算があった。ドイツでは日本、アメリカ、オーストラリア、カナダ以外の国籍の選手は二部リーグ以上のクラブでなければ就労ビザが発給されないという規定があったのである。ウインドーも閉まり、結果的に移籍はならなかった。それでも、ヨンハには新たな発見があった。

「僕は今まで、最後にヨーロッパでプレーをするということ、それを叶えるために頑張ってやってきました。そう思っていました。でもそうじゃないんじゃないかと思ったんです。僕はサッカーが楽しいからやっていたんです。どこでやるということではなく、サッカーをするということ自体が自分にとっては一番大切なんじゃないかと」

ヨーロッパでのプレーを諦めたわけではない。不可能と言われてもその夢をひとつひとつ実現させてきた男である。しかし、ヨンハは原点に立ち返る意味でそのこだわりを封印した。ただサッカーをしたい、やり続けたい。二〇一一年一一月、北朝鮮代表がブラジルW杯アジア三次予選で敗退した日、ヨンハは後進たちに道を譲る意味で代表チームからの引退宣言をした。

しかし、それを受けて代表のユン・ジョンス監督は言った。「私にとっても安英学とともに始まった代表チームだ。自分が監督である以上、一緒にやるぞ」

そしてその言葉通りにヨンハを東アジアカップ予選の代表に招集したのである。

ヨンハは監督に言った。「自分の力が衰えたと思われたらもう呼ばないで下さい」

ユン・ジョンスは即座に返した。「衰えると思うのだったら練習しろ」

ヨンハは信頼を受けて、呼ばれる限りはとことん長く代表を務めようと考えなおした。

「ブラジルW杯はもう出場できないですから、その次の二〇一八年のロシアW杯の出場を狙います。そうしたら僕は幾つでしょう。三九歳かな。それならロジェ・ミラを目指しますよ」

四二歳でアメリカW杯のピッチに立ったカメルーン代表の伝説の人物の名前を挙げた。今は真剣にその夢を実現させようと考えている。

もうJリーグの各チームはシーズン開幕を控えてとっくにキャンプインしていた。所属チームを決めるためにもコンディションを整えなくてはならない。再びしばしの浪人かもしれないが、トゥギも協力を惜しまない。三四歳と三九歳になった二人はまた荒川でボールを蹴りだした。

第二章　「国境」を越える安英学

海外クラブへの移籍

二〇一三年春。その年の一月一日に柏レイソルを契約満了で退団した安英学は、いくつかあったJ1のクラブからのオファーを全て断り、次のウインドーが開いたときに切望する海外クラブへの移籍を実現させるために動き出した。所属クラブが無い中での始動である。一六年前、Jリーガーを目指した浪人時代に、「『あしたのジョー』の丹下段平《たんげだんぺい》」よろしく練習につきあってくれた朝鮮高校の五歳年上の先輩、パク・トゥギと一緒に再び自主トレーニングの毎日であった。

主戦場はトゥギが主宰するサッカーチームの東京朝高グラウンドでのミニゲーム、彼の頭文字を取った通称Tリーグ。参加資格は国籍、民族、性別を問わず、来る者は拒まずの精神で、時に女子や初心者もやって来る。北朝鮮代表のレギュラーとしてW杯南アフリカ大会にも出場し、レイソルでもリーグ優勝のメンバーに名を連ねた男が、いわば草サッカーに身を投じてのコンディション調整である。ほんの数日前まで同じ地平で戦っていたJリーガーたちが、設備の整ったキャンプ地でメニューを消化しているときに、ヨンハは校庭の片すみでただひたすら自らを追い込んでいた。

海外移籍についてはもう自分で動こうとアンテナを張り巡らせた。連日フィジカルが落ちないように練習をこなしながら、友人や知人を通じてヨーロッパのクラブの情報収集に努めて動いた。ヨンハの周囲の人間もまた協力を惜しまなかった。

三月七日、私のパソコンにモンテネグロ人の友人からメールが入った。

「木村さん、アン・ヨンハ選手の夢を叶えてあげたいです。彼は北朝鮮のパスポートを持ていますか?モンテネグロとセルビアの滞在可能を調べたい。3月31日からベオグラードで1週間トライアウトキャンプがあります。とても良いチャンスと思います」〔原文ママ〕

日本語を話すのも書くのも堪能なこの男の名前はプレドラグ・ステボビッチという。

かつて群馬県社会人リーグ時代のリエゾン草津（現ザスパクサツ群馬）で指揮を執ったラットコ・ステボビッチの実弟であり、現在はモンテネグロと埼玉を往還しながら、日本人サッカー選手のヨーロッパ留学のサポートをしている男である。私とは一〇年以上のつきあいで、モンテネグロ独立の是非を問う国民投票の取材の際には、献身的なサポートで現場を支えてくれた。

心底信頼できる人物として記者仲間からも愛されており、プレドラグというファーストネームからペジャという愛称で呼ばれている。

ペジャはセルビアの首都ベオグラードで行われるトライアウトの情報を流してくれたのだった。早速、電話で問い合わせてみると、「大きなトライアウトですよ。ショーウインドーみたいなもので、ヨーロッパの各地から、（現役を続けたい、あるいは移籍先を探したい）選手もチームのマネージャーもやって来ます。ベオグラードでは去年もやったようですが、イングランドやドイツの大きなクラブに買われていった選手が何人もいましたよ」

ショーウインドーとはよく言ったもので、ゲームを何試合か行って、選手はその場の動きで各チームの強化担当者に品評されるのだ。補強したいポジションや欲しいタイプに合致したと目されると契約の声がかかる。ドライなシステムであるが、私にはスパイクひとつでヨーロッパに挑戦しようと考えていた当時のヨンハにとっては、むしろ向いているやり方ではないかと思えた。ひとつのチームの練習に参加して、その誠実な人柄や持ち前のリーダーシップが徐々に認められて入団するというのも、彼らしい方法ではある。しかし、退路を断って海外に渡るという意志の背景にはキャリアをアップさせるということ以上に、「いろんな国の選手とサッカーがしたい」というプレイヤーとしての極めて本能的な衝動があった。

そんな彼にとってこのトライアウトは一週間、未踏の地であるベオグラードでヨーロッパの各地から来たあらゆる人種、あらゆる民族の選手たちとサッカーで鎬《しのぎ》を削ることのできるまたとない機会ではないか。

思えば、ヨンハの半生は常に越境の歴史でもあった。朝鮮高校から浪人して日本の大学に入り、努力の末、新潟でJリーガーになった。こつこつと実績を積み上げ、北朝鮮代表に招集されるも当初は代表チームで戦力とは見なされず、あたかもアウェイであるかのような扱いを甘受した。二〇〇六年には朝鮮籍のまま韓国Kリーグ・釜山でのプレーを選択、南北関係の緊張が色濃い中での移籍に猛反対する関係者もいた。しかし、その都度実力で自らの存在を認知させてきた。同時にそれはまたパイオニアとして、後進のために道を切り開くこととなった。誰も経験したことのない未知の世界に飛び込むことがヨンハの真骨頂ではないか。

案の定と言うべきか。ヨンハにベオグラードで行われるトライアウトの存在を告げると、

「それ、いいですね。行ってみますよ」

快活に答えるとその後の行動は早かった。誰に頼ることも無く、何度も辞書を引きながらキャリアプロフィールを作成し、セルビア現地の担当者とのやり取りをメールで続けてエントリーシートを送り、参加費用も振り込んで瞬く間に段取りをつけてしまった。

主催者側は、W杯に出場した北朝鮮代表選手からのエントリーに少なからず驚いたようで、丁寧なレスポンスが届いた。トライアウトを仕切るのはＵＥＦＡ（欧州サッカー連盟）の公認エ

ージェントでもあるバルサというセルビア人であった。「参加を楽しみに待っている」というメールが届いた。

柏レイソルを退団してから二ヶ月が経過していたが、コンディションは悪くなかった。どんな国のどんな選手とサッカーができるのか。久しぶりに感じる緊張と期待がヨンハの胸中を支配していた。「ヨーロッパなら、三部リーグのチームでも四部リーグのチームでも構いません。年俸が半分以下に減っても良いです。何より悔いがないように挑戦できるところまで行きたいんです」と語っていたその舞台までようやくたどりつけたのだ。

問題はセルビアのビザだった。この国は日本のパスポートであればノービザでの入国が可能であるが、ヨンハが保持するのは当然ながら北朝鮮のパスポートである。かつてユーゴスラビア時代は非同盟第三世界勢力の友好国として北朝鮮との国交が盛んであり、一九七〇年代などは互いに留学生が多数行き来していた。映画『アンダーグラウンド』ではチトー大統領の告別式の最前列に姿を現した金日成主席の実写シーンが登場する。しかし、現在では北朝鮮パスポートの場合、ビザ発給までに約三週間かかると言われていた。私はセルビア大使館に勤める旧知の友人であるOにアポイントを取り、ヨンハと共に会いにいった。ペジャからトライアウトのメールが入ったのが、三月七日。それから土日を挟んでほぼ一週間が経過していた。三月三一日からベオグラードで始まるトライアウトに間に合わせるためには、遅くとも日本を二九日に出発する便には搭乗しなくてはならない。となればビザはどうしても二八日までには必要である。

何としても二週間で発給してくれるように、申請と同時に直接、担当領事にプッシュをかけようとしたのである。Oはサッカーファンであり、しかも幸いなことにヨンハが二〇〇五年にプレーした名古屋グランパスのサポーターであった。

セルビア訪問の趣旨を十分に理解した上で、ビザ担当のネマニャ・グルビッチ領事に引き合わせてくれた。北朝鮮のパスポートを見ること自体が初めてというグルビッチに私は噛《か》んで含めるように説明した。なぜ、安英学は二八日までにビザを受け取らなくてはならないのか。

彼はトライアウトに参戦するプロのサッカー選手として、どんなに遅くとも三〇日にはベオグラードで時差ボケの調整のために汗を流さなくてはならない。そのためには通常は発給に二一日が必要とされるセルビアビザを何とか一四日で出して欲しい、このことによって貴国に何か問題が起こるようなことはなく、それどころか民間スポーツ交流として見た場合、セルビアと北朝鮮にとって非常に意義深いものになるはずである。ヨンハもとつとつとこの挑戦にかける自分の思いを語った。

グルビッチは興味深そうにうなずきながら話を聞いてくれた。

「理由はたいへんよく分かりました。安選手の誠実な人柄も話していて感じました。私も本国の方にビザが二八日までに必要な理由を書き添えて申請し、一刻も早く下りるようにプッシュします。ただ理解をしていただきたいのは、発給の判断をするのはあくまでも本国の内務省なのです。私たちが尽力できるのは、ここ東京の大使館から本国に送る際に安選手の事情を説明して早急に出して欲しいとお願いをする、そこまでなのです」

人物についてのお墨付きをくれた上で、二八日までとリミットを区切って申請書を送ってくれるという。ビザ発給のメカニズムは理解していたので、私は領事のこの言葉がまず欲しかった。どの国でもそうであろうが、本省と大使館の関係は主と従である。領事には限界がある。あとは期日に間に合うよう、大使館経由でこちらからプッシュをしていくしかない。最初から責任逃れのようなエクスキューズを言われるのは気分の良いものではないが、まずは領事の信頼を得て親身になってもらうことを目的とした訪問は成功した。

かつて一九九九年にセルビア（当時の国名はユーゴスラビア）がNATO軍の空爆に晒《さら》されていた期間、本国はスパイの流入を警戒して外国人の入国を制限していたが、私はこの方法でジャーナリストビザを発給してもらったことがあった。このときは日本国内で一週間ほど待っていてもレスポンスが無く、見切りで先にヨーロッパへ飛んでアイルランドとギリシアでの取材を済ませつつバルカン半島へ陸路で向かった。最後はギリギリ、ギリシアのテッサロニキで発給が間に合い、大使館からホテルへファックスで送付してもらったのである（拙著『悪者見参』

集英社文庫参照）。

しかし、ヨンハの場合はまず確実にビザを入手して飛んでもらわなければならない。最後に二八日必ず、と念を押した。

グルビッチは「やはり、私の方で確約はできませんが、精一杯の文書は送ります」とした上で、申請書への記入を促した。手数料は何と二万円だという。ぼったくりである。法外である。足元を見るなボケ、である。

それでもこれを払うしかない。ヨンハは現金を渡し、いくつもの書類にサインをして、パスポートと写真を預けた。

「仕方が無いですね」

ビザ申請をして、一週間が経過したあたりから、私はセルビア大使館へ催促の電話とメールをそれとなくし始めた。

毎朝Oと「出ている?」「まだですね」という会話を繰り返すのが日課となった。ビザ担当領事は毎朝、本国からの通信をチェックして発給のOKが出た申請パスポートにビザスタンプを押すというシステムになっている。ヨンハに関する連絡が無いことを確認するたびにOもため息をついているようだった。

ヨンハの方はすでに二九日出発の航空券の手配を済ませていた。依頼したのは、以前から在日朝鮮人の渡航を多く手がけている関西の旅行代理店で、ノウハウも蓄積しているために今回のようなビザ発給日が不確定なケースにもどっしりと構えて対応してくれていた。

さすがに残り三日を切ってくると二八日以降になった場合の想定をせずにはいられなくなった。私はペジャに問い合わせた。

「ヨンハはビザの問題でトライアウトに初日からは参加できないかもしれない。その場合は途中参加することは許されないだろうか。本人では解決できない事情だけに斟酌《しんしゃく》してもらえないだろうか」

しばらくして回答が来た。

「大丈夫です。そういう都合であるならば主催する方も理解します。その場合はビザが出た段階で何日から合流できるかをすぐに知らせて下さい」

途中からでもOKとはなったが、当然ながら最初から参加できるに越したことはない。ショーウインドーには長く飾られた方が買い手がつきやすい。何より、少し実戦から遠ざかっていただけにコンディション調整も懸念される。

二七日朝、Oに電話。「まだ出ていないです」「明日出る見通しはどうかな?」「本当に何とも言えないですね」

航空券は最悪の場合はキャンセルになってチャージが取られるが、それは覚悟しつつもしも翌日発給された場合は搭乗がギリギリ可能になる。そのためにも受け取りの段取りだけは決めておく必要があった。通常は大使館から本人に連絡が行き、ビザスタンプの押されたパスポートが郵送されることになっているが、それでは間に合わない。私とヨンハは翌日の夕方の時間を確保して大使館に直接受け取りに行くことにした。発給されていなくてもその場で再びのプッシュをグルビッチにかけるつもりであった。「根気よく、毎日ベオグラードを説得して下さいよ」と。やはり、二週間での発給は無理なのだろうか。遅れた場合、航空券をどの段階で予約し直すべきか。ビザが取れたという連絡が入った翌日の出発便を即座に押さえるしかないのだが、席が空いている保証は無い。

翌二八日の午前一〇時を少し回ったころだった。私はこの日、FC東京の取材で練習グラウンドのある小平《こだいら》へ電車で向かっていた。乗り継ぎのタイミングでOに電話をしようとしていたら、セルビア大使館からの着信履歴があることに気がついた。こちらから催促はしても向こうからかかってくることは無かったので、これはまさに吉報だと受け取った。武蔵小金井《むさしこがねい》の駅で降りて、よし折り返そうと携帯電話を握りなおしたそのときだった。ヨンハから電話が入った。

「おはようございます。木村さん、今電話良いですか？」「大丈夫だよ」「さっきOさんから連絡が入って、僕のセルビアのビザが下りないということになったそうです」

「何だって！」

　さっきはその電話だったのか。しかし、下りないとはどういうことだ。一サッカー選手が招《しょう》聘《へい》元からのインビテーションももらい、正式な手続きを踏んで行ったビザ申請である。しかも二万円もの手数料を払わせているのだ。時間はかかっても当然、発給されると信じて疑わなかった。それなのに入国さえ、させないというのか。猛烈にセルビア政府に腹が立ってきた。私にとっては極めて思い入れの深い国である。ユーゴ紛争ではセルビアは欧米社会から一方的に悪者にされた。それに憐憫《れんびん》の情を持ったし、実際に現地で体感した西側報道の偏向ぶりに憤怒もし、より公正に事実を伝えようと取材を重ねた国であった。特にコソボ紛争時には米軍主導によるセルビア本土への空爆の不当性に対してペンでの告発のみならず、デモまで主宰して抗議して来た。政治に蹂躙《じゅうりん》されて国際社会から孤立し、スポーツにおいても国際大会の出場資格を剝奪されたことをおかしいと主張し続けてきた。サッカーに関して言えばセルビア（当時）はアメリカW杯とスウェーデン、イングランドで行われた二つの欧州選手権に出ることができなかった。「スポーツと政治は別ではないか」。さんざん、そう言って来た当事国が、ただ自分の夢のためにトライアウトを受けようとするサッカー選手にビザを出さないとはどういうことだ。一体理由は何なのか。確かに北朝鮮政府は二月一二日に地下核実験を行い、国際世論による大きな非難を世界中から浴びていた。

そんなことをグルグルと考えていたが、携帯の向こうにいるヨンハは声を荒らげるでもなく、いつもの彼らしく冷静にこの事態を受け入れていた。「Oさんも本国がビザを下ろさない理由は分からないようで、申し訳ない、自分も残念だと言ってくれているんです」。悔しいに違いない。何か罪を犯したわけでもない、ただ純粋にヨーロッパでサッカーをしたいという人間が自身で航空券の手配をし、大使館の言う通りに煩雑な書類作成をこなして翌日はいよいよ渡航という日までひたすら待った。それらをまるで全否定するかのような仕打ちである。それでもヨンハは毅然《きぜん》としていた。「仕方が無いですね」

私はやり場の無い怒りを責任の無いOに電話でぶつけてしまった。理由を問いたいと話すと、それは本国も大使館には説明をしないという。まるで大きな悪い秘密があるかのような扱いに「そんな国だったのかセルビアは。世界から孤立した国の人間の痛みが分かる国じゃなかったのか」とわめいた。

朝鮮籍のハンディ

夕方、ヨンハと大使館に集合する予定であったが、Oが館外へ持ち出す許可を取ってパスポートを新宿まで持って来てくれた。Oは改めてヨンハに力になれずに申し訳ないと頭を下げたが、ヨンハは気丈だった。

「Oさんは悪くないですよ。こういうことは慣れているといえば慣れていますよ」

本来ならば翌日には機上の人となり、これから始まる真剣勝負にメンタルを集中させていたはずだった。それはまたアスリートにとって大きな経験という糧になるべきものであった。しかし、本人にはまったく関係の無いことでその戦いの場に立つことすらできないという現実を突きつけられた。

それでも恨みがましいことは一切口にせず、今後のプランを宣言するように語った。

「高校の監督の縁で、スペインの二部に所属するサバデルというチームから入団テストを兼ねての練習に参加してもいいと言われているんです。今はちょうど昇格争いをしている最中なので、もう少し落ち着いて受け入れる準備ができたら連絡をくれることになっています。来月になると思いますが、それまでまた練習し続けます」

EU加盟国に入国するためのシェンゲンビザはすでに年明け早々に取得済みであった。これが有効な間にサバデルから連絡が来ることを祈った。

それにしても朝鮮籍のサッカー選手の海外移籍がこれほどまでに困難であるとは、想像以上であった。彼らは海を渡るその段階でハンディを背負わされていると言っても過言ではない。

それでもヨンハは諦めない。翌日から再びトゥギと浪人時代の思い出の地、東大御殿下グラウンドで再びボールを蹴りだした。一九歳のとき以来、実に一五年ぶりだった。当時、一緒にボールを蹴った東大の職員たちも懐かしがって迎えてくれた。あの、まだ何者でもなかった無名の在日の少年がJリーガーになり、W杯に出場し、そして今また敢えて無所属に身を置き、ヨーロッパ移籍を夢見て努力を続けているのだ。人として応援しようと思わないわけがない。ヨンハは三四歳というプロフィールに記された年齢だけでの判断ではなく、実際に自分のプレーを見てもらいたかった。その上での評価ならば納得もするが、その機会すらないままでは諦めることは到底できなかった。

入国審査

スペインはカタルーニャ州バルセロナ近郊に位置する都市サバデル。その地をホームとするサッカークラブCEサバデルは一九〇一年創立と歴史も古く、かつてはコパ・カタルーニャを制したこともある名門クラブであった。しかし、近年になると経営状態が悪化、資本金のレギュレーションの変化にも対応できず、クラブライセンス剝奪の危機に陥っていた。そこで二〇一二年に日本人の実業家である坂本圭介が株の過半数を買収して経営に乗り出していた。坂本がオーナーになる前であるが、二〇一〇年から二〇一一年のシーズンには日本人選手の指宿洋史《いぶすきひろし》が在籍していたことでも知られている。ヨンハの東京朝鮮高校時代の恩師、リ・チョンギョンがサバデルのスタッフに知己があり、その紹介で練習参加のチャンスが与えられていた。ただ、チームの順位がある程度確定してから来てくれということで、ヨンハはそれを待っていた。スペインの二部リーグ（セグンダ・ディビシオン）は一位と二位が自動昇格で三位から六位がプレーオフに回される。サバデルは七位前後で健闘しており、ヨンハはチーム事情で足止めをくらった格好になっていた。

ようやく順位が落ち着いたのが四月中旬だった。チームとしては残念ながらプレーオフの圏外になってしまったが、これで「練習に参加されたし」という連絡が入り、ヨンハは四月一七日に成田を出発した。翌一八日、ドバイ経由でバルセロナ空港に到着。いよいよヨーロッパの地に降り立つことになったが、ここで入国の際、また小さなアクシデントがあった。ビザは取得してあった。しかし、入国審査でパスポートを差し出すと、イミグレーションの役人が「こんな旅券は見たことがない」と言い出したのだ。そのまま別室に呼ばれた。役人は決して高圧的な態度ではなかったが、「この（北朝鮮の）パスポートをこれまで通したことがないから、どうしても確認せざるを得ない。待っていてくれ」と言い残し、四〇分近くずっとその部屋で待たされた。

結局確認が取れてオーケーとなったとき、ヨンハは別れ際に聞いた。「これまでこのパスポートを持ってここに来た人はいないのですか？」

「いない。少なくとも私はそう思う」

「それなら、僕ので経験をされたわけだから、次からは通してあげて下さい」

北朝鮮パスポートで初めてバルセロナ空港の入国審査を通過した人間として、道を作ることを忘れていなかった。

到着して直後の二日間はチーム練習がオフだったので、育成のカテゴリーが使用している人工芝のグラウンドで一人でトレーニングを行った。動いてみると、連日追い込んだ成果か、まったくフィジカルは衰えていなかった。三日目、オフ明けである。待ちに待ったトップチームでの練習参加となった。サバデルのエンブレムが付いた青い練習着を着たときには、ようやくここまでたどりついたという感慨が胸に込み上げた。ヨーロッパの選手たちとチームメイトとして同じピッチで練習ができる。何年も前から望んでいたことがついに実現したのだ。

それから四日間、悔いの無いように練習に没頭した。サバデルのサッカーは日本とも韓国ともスタイルが違っていた。パワフルでパススピードが速く、プレッシャーも厳しかった。特にサイドハーフのランサローテという選手は上背こそ無かったが、アジリティ（敏捷性）があり、シュートが抜群に上手かった。聞けばチーム得点王で、一部のエスパニョールへの移籍が決まっているという。両サイドバックの選手もスピードがあってクロスの精度が高かった。

それでもヨンハはプレーをしていくうちに十分な手ごたえを感じていた。よく観察すると、こちらの選手は間合いの詰め方が速い分、逆にかわされることが往々にしてある。守備の組織力も、リスクマネージメントの部分ではJリーグの方が鍛錬されているとも思えた。レイソル時代に知将ネルシーニョの下で緻密なトレーニングを積んできたことが身に付いていた。持てる限りの力を発揮してプレーをすれば、このチームに入っても臆することなくやっていけるという自信めいたものが湧いて来ていた。

選手は、チェルシーからレンタル移籍で来ているメキシコ人の選手ともう一人アフリカの選手を除けば、ほとんどスペイン人だった。みんな性格が明るく親切で、スペイン語ができないヨンハが監督の指示が分からず困っていると、英語で助けてくれた。

練習の進め方の違いもまた印象的であった。日本では設定されたルールからはみ出すことはまず無いが、サバデルでは2タッチの約束事で三回触っても、あるいはボールがラインを割ったりしてもプレーを切らずに続行された。小さなことで練習の流れを止めたくないというのがその理由であった。そんな考え方もあるのか、と新鮮に映った。

緑豊かな街の環境も素晴らしく、ヨンハは改めてこのチームでプレーをしたいと強く願った。四日間の練習で全てを出し切り日本へ戻った。あの街ならば家族とともに生活することも十分可能である。ひたすら良い報《しら》せを待った。

しかし、数日後。サバデルのスタッフから「残念ながら来シーズンの契約には至りませんでした」との連絡が入った。

「自分のできることは全部やってきたし、これで入れないって言われてもそれはしょうがないです。やるだけやったんで悔いは無いです。他のチームを探します」とヨンハはトゥギに告げた。

「そうだな、また頑張って他を探そう」

闘将はそう言うと変わることなくトレーニングにつきあってくれた。

ジャパンブルーのユニフォーム

無所属のまま練習を続けるヨンハに藤田俊哉《ふじたとしや》（前ジェフユナイテッド市原・千葉）から嬉しい電話が入った。前年（二〇一二年）、一八年間の現役生活に終止符をうったミスターJリーグが、自身の引退試合（オランダへコーチの勉強に行くため送別試合と銘打たれた）に出場してくれないかというものだった。ジュビロ磐田の黄金時代を支えたこの男とヨンハは、名古屋グランパスで一年間、共にプレーをしていた。尊敬する藤田からの願ってもない依頼だった。しかもジュビロスターズ、ジャパンブルーの二チームに分かれるうちのジャパンブルーの所属でということだった。一昔前であれば、引退試合とはいえ、在日朝鮮人の選手が日本代表を背負うこと自体、在日社会の内外から批判を浴びたはずである。しかし、まったく問題は無かった。快諾したヨンハが在日本朝鮮人蹴球協会の職員、キム・ジョンファに経緯を説明して「宣伝して下さい」

と頼むと、ジョンファは快くHPに掲載してくれた。強面の理事長、リ・ガンホンも「行って来い。これはサッカーや、関係ない」と送り出してくれた。

五月二三日、会場の国立競技場にヨンハは電車で出かけた。ロッカールームに一度入り、場内のカフェに移動すると、すでに入っていた顔なじみの日本人選手たちが声をかけてくれた。JFLのFC町田ゼルビアで監督（当時）をしている秋田豊《あきたゆたか》は「ヨンハー、町田に来いよー、待ってるよ」といきなりオファーをくれた。

ヨンハは元代表GKの小島伸幸《こじまのぶゆき》と話し込み、ロッカールームへ戻ると、そこには三浦知良《みうらかずよし》と中田英寿がいた。この二人は特別な存在だった。しっかりと挨拶をしてからウォーミングアップを始めた。身体をほぐして試合開始の二〇分前にグラウンドに出ると、まさにそのカズとヒデとナオト・インティライミの三人がボールを蹴っていた。ヨンハはここで蹴らなきゃ今日来た意味がないな、と思って無理矢理に入っていった。カズが気付いてパスをくれた。食いつくようにしてボールを回すとヒデからの強いパスが返ってきた。まるで、お前これくらい止められんだろう？　と言われたようで嬉しかった。ヨンハにとって中田はペルージャでプレーしていたころから著作やブログをむさぼるように読んだ思い入れのある選手だった。

ひと通りパス交換が終わった後に、カズがいきなり右サイドに張り出して、クロスを上げ出した。ナオト・インティライミが中でそれに合わせたのに続いてヨンハも加わった。最後、ヨンハが展開してカズが上げて、最後はもう一度ヘディングで入れる。そのパターンで二度ネットを揺らした。憧れた選手とのコンビプレーにヨンハは心底満足していた。

北澤《きたざわ》豪《つよし》、山田卓也もヨンハの夢を知って気さくに話しかけてくれた。北米サッカーリーグのタンパベイ・ローディーズでプレーしている山田は無邪気に「アメリカにおいでよ。チームに言ってあげようか」と言ってくれたが、それこそ北朝鮮のパスポートを持つ選手が入団したら前代未聞のことになる。「アメリカは僕行けますかね。行けたら革新的なことになりますけどね」と笑い合った。

試合が始まると、ヨンハは松木安太郎《まつきやすたろう》監督の指示の下、後半から出場し、四五分間プレーした。私は内心、心無い観客がヨンハにブーイングを飛ばさないかと心配していた。しかし杞憂《きゆう》だった。ヨンハの場合は誰もが知る北朝鮮代表選手であり、彼が藤田のために日の丸を背負ったことを観客は感謝していた。監督の松木は明るくて優しかった。「アンちゃん、今日はよろしくね。ケガしそうだったら言ってね」「アンちゃん、いろんなポジションやらせて悪かったね」

試合終了後、トラックを選手たちと一緒に回って観客に挨拶をしていると、今更ながら現役選手であることの喜びが込み上げて来た。ヨンハは手を振りながら、こんなふうに思っていた。

「僕が自分から選手をやめることはないな。僕がやめるときはやる場所がなかったり、できなくなったりしたときだけだ。自分からやめるっていう選択肢は捨てたんだから最後まで全力を尽くそう」

私はジャパンブルーのユニフォームに袖を通したときの感想を改めて聞いてみた。

「ロッカーに入るとユニフォームが全部背番号をこちらに向けてかかっていたんですよ。僕は29番で『AN』って書いてありました」

――どうだった？　初めて袖を通した感想は？

「いや、もう嬉しかったですよ、ジャパンブルー。試合の日付と俊哉さんのエンブレムと10番が入っていて。日の丸も付いてると思ったんですけど、付いてなかったんですよ。付いてる方がジャパンって感じだったのになあと思いながら着ました」

――ヨンハにとっては決して自分の国を裏切るとかそういうことじゃない？

「全然もうそういうことじゃないですよ。逆にそう言われたら寂しいですよね。分かってないですよね、自分がどうやって育ってきたのか。カズさんやヒデさん、今回あの試合に集まった人たちがいたからこそ、僕はサッカーをもっと好きになれましたし、彼らのプレーを観てすごく刺激になったし、勉強にもなったんです。本当に彼らから夢を与えてもらったと思うんです。日本代表がW杯に挑む姿も見たし、W杯の難しさも見た。日本代表が戦い抜いたときのパワー、喜びも目の当たりにしてるんです。だから影響を受けた僕が北朝鮮代表で頑張れたとも言えるんです」
北朝鮮代表の誇りを持ちながら、自らが育った日本のサッカーシーンへのリスペクトも忘れていない。この素直で悠揚な民族間の融和を促すようなマインドはヨンハの性格によるものか世代によるものか、あるいはその両方なのか。いずれにせよ、彼が人を引きつける大きな求心力の根源を見る思いだった。

二〇一三年一一月二三日。アルビレックス新潟は「J1昇格10周年記念プロジェクト」と銘打ったイベントを催した。二〇〇三年のちょうどこの日に大宮アルディージャを破ってJ2での優勝を決めたのである。ホームであるデンカビッグスワンスタジアム前の広場では、昇格に貢献した当時の選手たちが招かれてトークショーが行われていた。そこには深澤仁博《ふかざわまさひろ》、高橋直樹、木寺浩一《きでらこういち》、寺川能人《てらかわよしと》、新井健二といった主力OBと並んで、安英学の姿もあった。アルビレックス新潟は大きな親会社が存在しない地方クラブでありながら、徹底した地域密着の施策を実行したことで大きな成功を収めている。大型スポンサーに頼らず新潟県内に後援会が網の目のように配置され、それを基盤にすることでシーズンパスの売り上げを伸ばした。観客動員数の右肩上がりの増加は「ニイガタ現象」とまで呼ばれるに至り、地方クラブの模範と称賛されている。

四年間で撤退はしたが、一時は日本マイクロソフト社がアルビレックスのスポンサーについたのも、そんなチームであるが故に宣伝チャレンジをする価値を認めていたことの証左であろう。サポーターたちは地域のアイデンティティーを大切にし、クラブの歴史に対してのリスペクトを忘れない。二〇〇三年当時のフラッグや横断幕を持って来てイベントを盛り上げた。また六人のOBがビッグスワンに移動して挨拶をする場面では、久しぶりの再会に感極まって泣いてしまう人の姿も見受けられた。ヨンハに対する声援は大きかった。「アン君！　また新潟に戻っておいで」「待っているよ」という呼び声が絶え間なくかかり、マイクを使っての挨拶が終わり、ゴール裏に移動した際にはあの懐かしい「イギョラ、アン・ヨンハッ」のチャントがスタンドを揺るがすように巻き起こった。退団して一〇年が経過してもこれだけ愛され続けているヨンハの存在を見るにつけ、サッカーとサッカークラブがその町にもたらす活気の触媒効果を感じずにはいられない。アルビレックスの池田弘《いけだひろむ》会長はかつてこんなことを言っていた。「これまで日本の人々は、おらが会社という意識は持っていたけれど、おれが地域という意識はあまりなかった。スポーツにおいても、あったのはせいぜい甲子園に出た地元高校を応援する気持ちくらいでした。明治時代から中央集権であったから、そういう国家論理だったんです。大企業が顧客のロイヤリティー構築や宣伝のために、もしくは人材育成のための手段としてスポーツを推進していたのですが、バブル経済がはじけて終身雇用が崩壊した。企業スポーツではなく、住民が支えるスポーツへの転換が必要だった。そんなときに私たちは草の根から地域の支持を得て、新潟という愛郷心を持つクラブ作りに成功したのです」

偏狭なナショナリズムを解体するのが、この愛郷心ではないだろうか。国籍、民族にかかわらず、その地域に暮らす人々が郷土におけるアイデンティティーを共有する。かつてボスニアでムスリム、クロアチア、セルビアの三つの異なる民族が対立して内戦が起こったとき、トゥズラという北東部の都市だけが、この戦争に抗《あらが》った。非民族主義の市長の下で三民族が融和し、団結し、攻めて来たセルビア軍に対して自衛のために立ち上がったのだ。「同じトゥズラに暮らす者同士が信頼し合っていた。国家が戦争をさせようと憎悪を煽《あお》ってもそれに影響される人間は一人もいなかった。だから、町を侵略者から守るために異なる民族が助け合ったのだ」。このような言葉を、やはり包囲戦の中、町に残って銃を取った俳優のハジハフィスベゴビッチからも聞いたものである。そこにはセルビア人もクロアチア人もムスリムもなく、いたのはトゥズラ人だけだと彼は続けた。「トゥズラのセルビア人は『大セルビア主義』に反対して共に戦ってくれた」。ボスニア全土で巻き起こった悲惨な「隣人殺し」がかの地で起きなかったのは、この愛郷心あればこそだった。

そして、サッカークラブのもたらす愛郷心はとかく不可視にされがちな在日外国人の存在をも可視化する。

新潟ではかつて、小泉首相の訪朝時に北朝鮮政府が拉致を認めたために、北朝鮮代表でプレーするヨンハへの風当たりが強くなったこともある。しかし、先述した通り練習場で「君と拉致問題は何の関係も無い。僕たちはこれからもアルビのサッカー選手としての安英学を応援するよ」と告げたサポーターがいた。

その後、韓国Kリーグを含め五つのチームに所属してきたヨンハにとっても、新潟はやはり特別な町であった。そして新しいスタートもその新潟との繋がりから生まれた。二〇一三年は一年間、ヨーロッパでのプレーを夢見て、どのチームにも所属せずにドイツやスペインのチームの練習に参加し、挑戦を続けて来たが、入団には至らなかった。そんな彼に声をかけたのがアルビレックスで二年間、共に戦った山口素弘だった。日本代表を牽引《けんいん》した現役時代から、その知的なプレーぶりで「必ず優秀な指導者になる」と周囲から目されていた山口は、二〇一二年三月、横浜FCの監督に就任。前任者が解任されたときに最下位だったチームを見事に立て直し、シーズン終了時には四位にまで躍進させていた。二〇一三年一一月末、ヨンハの許《もと》に横浜FCのスタッフで韓国語の通訳をしている旧知のキム・ミョンホから、「監督がうちの練習に来ないかと言っている」という連絡が入った。

先述したが、山口のようなクレバーな選手が自分を評価してくれていたことをヨンハは素直に嬉しく思った。かつてアルビ時代に行われたワールドチャレンジマッチのバレンシア戦で味方CKの際に、「相手はゾーンディフェンスで守っているから、反応が一歩遅れる。ヨンハはニアに上がれ」との指示を山口はくれた。その通りに飛び込むと図ったようにボールが来て、ゴールを決めることができた。このゴールが北朝鮮代表への道につながったのだ。ただがむしゃらに気持ちだけでサッカーをやっていた当時のヨンハにすれば、冷静に戦局を見極めて的確なアドバイスを出す山口の慧眼《けいがん》に敬服の念を禁じえなかった。浪人している最中にもかかわらず、サッカー界で最も尊敬する人物の一人がオファーの可能性のある練習に誘ってくれたことは、大きな喜びであった。しかし、躊躇があった。

この時期はヨーロッパ移籍の可能性をまだ捨てきれず、再びテストのために飛び立とうとしていた。煮え切らない気持ちのままに練習に参加するのは、信義を重んじる自身の性格からも許されないような気がしていたのだ。「まだヨーロッパという目標がある中で、もし横浜に来て欲しいと言われたときに即座に『はい、行きます』と言う自信が無いんだとミョンホに伝えました」。そんな状態で行くのは山口やチームに対して失礼だという思いだった。

すると山口本人から直接電話がかかってきた。

「ヨンハ、いいよ。そういう心配はしなくてもいいから、とりあえず来いよ。オファーを出したら、必ず入団しなくてはいけないということも無いし。もちろん、お前のプレーが悪かったら俺はオファーもできないし（笑）。まず一度おいで」

山口にそこまで言われたら、行かないわけにはいかない。「ありがとうございます、行かせて頂きます」と即答した。一二月初旬のオフに入る前の二日間の練習に参加した。ヨンハは入団する、しないは別として呼んでもらったからには、山口に欲しいと思われるように全力でプレーした。本番さながらに声を出してタックルも連発した。柏レイソルを退団してから、プロの練習に参加するのは一年ぶりであったが、自分でも動けていると感じていた。じっと見ていた山口は笑いながら、OKを出した。「まだ十分、できるじゃないか。ヨンハはピッチ以外の部分でも若い選手の手本になってくれると思うから、チームに言っておく」

不死鳥のチーム

やがて、年が明けた。ヨンハの横浜FC入団のニュースが発表された。

彼はこんなふうに振り返った。

「みんな僕が一年間どこのチームにも入っていなかったんで、実戦感覚を心配するんですけど、Tリーグって結構、プレッシャーもきついし、コンパクトなスペースでやっているんで次のアクションを考えている時間も無い。自然と判断も早くなります。二回目の浪人でしたけど、今回もすごく良い練習になっていました。この一年、草サッカーで小学生と一緒にボールを蹴ったことも多々あります。果たしてそれについてはどれだけトレーニング効果があるのかわからないですけど、でも僕にとっては心理的にプラスになったと思います。子どもたちが楽しそうにサッカーしている姿を見て初心を取り戻したんです。自分は何のためにサッカーをやっているんだろう。国を背負ってとかチームのためにとか、もちろんありますけど、そもそもはなぜ始めたんだって。僕はサッカーが好きなんです」

「もう一方では、その浪人時代にボールを蹴った子どもたちのためにも頑張らなきゃいけないなってのがあるんです。在日の低学年の子が『将来僕は日本代表になる、長友選手みたいになる』って言って、ちょっと悲しかったんですよ。別に悪いことじゃないです。長友選手は世界で活躍している素晴らしい選手じゃないですか。でも子どもたちの目標と言うのが自分たちと同じ存在の人たちに向いていない、その存在がいない、同じ在日のアイドル、ヒーローがいないってのがあって、そのためにも僕は頑張ろうと思います」

在日プロサッカー選手のパイオニアとして後進の憧れとなるような軌跡を残す。三五歳になっても向上心を忘れずに上を目指す、そのためにも節制は厭《いと》わない。幸いにして、ヨンハの決意を実現する上で手本となる格好の先人が、横浜FCにいた。

ヨンハ自身も憧れていたキングカズこと、三浦知良である。カズの振る舞いは近くで見れば見るほどに見本となった。ウォーミングアップをするにしても、最初のジョギングにしても、カズは必ず一番先頭にいた。もうすぐ四七歳になろうとする男はまず自分が前に立って練習を始めるのだ。走るタイムを設定したら絶対にそのエリアで入って来る。入って来られるように普段からストイックに調整して練習に臨んでいるのだ。練習場に誰よりも早く来て、マッサージをして、練習前には個人トレーナーと横並びでマットを敷いて二〇分間の体幹トレーニングを欠かさない。午前と午後の二部練習があれば必ず二回とも繰り返す。練習中に監督の指導を受けると、変なプライドを見せることもなく、すぐその場で実践する。それでいて、ボロボロになりながらやっているような悲愴感はない。もうすぐ四七歳になろうとしている男は普通にイキイキとサッカーに取り組んでいる。ヨンハは思う。

「だからみんな応援したいし、惹《ひ》かれるんじゃないですかね、カズさんの生き方とか姿勢とか雰囲気とかに」

自らも四〇を過ぎてもサッカーを続けていたいと切に思っている。

横浜FCのチームエンブレムは不死鳥である。象徴的なクラブにヨンハは入った。

第三章　誠実なるファンタジスタ　梁勇基《リヤンヨンギ》・疾走する人間ブルドーザー　鄭大世《チヨンテセ》

安英学は成功しても義理堅く、世話になった人々への感謝を忘れない人物である。過去、Jリーグ、北朝鮮代表チーム、韓国Kリーグでプレーしてきたが、どのチームにおいても精神的な支柱として信頼を寄せられる人格者だった。

そのヨンハが「もう、本当に彼は立派でしたよ。僕にとっては後輩ですけど、リスペクトしましたね」と称賛する在日のJリーガーがいる。ベガルタ仙台で10番を背負い、キャプテンを務めた梁勇基である。ヨンハは続ける。「悔しい気持ちでいるときも我慢して一切表に出さずに、むしろチームのためにみんなの輪の中に溶け込んで話をしていました。ヨンギと絡んだら、必ず良いパスと良い笑いが返って来る。（北朝鮮）代表のチームメイトも、グラウンドの中では良いアシストを、グラウンドの外じゃ笑いを提供してくれると分かってくれるようになりました。彼にはいろんな葛藤があったと思うんですけど、練習でもくさらずに水を持って来たり、声を出したり。僕はそういう姿を見て本当に大したものだと思っていました。自分だったら、ここまでできるかなというのがあって。そういうヨンギの振る舞いに触れてきたから僕自身も柏（レイソル）にいたときに、試合に出られなくてもチームのために自分を殺す for the team の精神で戦えたのだと思います」

ヨンハがリスペクトした振る舞いとは、どんなものであったのか。梁勇基とはどんな選手なのか。話は一九九〇年に遡る。

野育ちのテクニシャン

ヨンギは大阪府南部に位置する泉州朝鮮初級学校の付属幼稚園のころから、ボールを蹴り始めていた。テクニックはそのころから秀でており、同級生の木村富成（現在道頓堀の飲食店「銀平」勤務）はすでに五歳くらいのとき、ヨンギがリフティングで一〇〇回をこなしていたのを覚えている。一対一を挑んでも反応が速いのでなかなか抜くことはできず、その上、俊足で持久力もあったので、一度ボールを取られるともう奪い返せなかった。現在ヨンギはJリーグ屈指のプレースキッカーとして名を馳《は》せているが、それは天性のものであった。GKをやっていた木村は、小学校低学年のころからヨンギのフリーキックには手を焼いていた。この年代は力任せに蹴ってくる選手が多い中、ヨンギのそれは計算されたもので、パンチングに飛び出すともうすぐ手が届くというところでボールは急激に曲がってネットに吸い込まれていくのだ。泉州初級は一学年に児童が一二人しかいない小さな学校だったが、小柄なその少年の才能は大阪の在日サッカー関係者の間で広く知られることになった。

大阪産業大学サッカー部を指導していた全信俊《チョンシンジュン》は北大阪朝鮮初中級学校一年生のときに、「泉州初級学校にすごいサッカーの上手い子がいる」という噂《うわさ》をすでに耳にしていた。練習試合で対戦してみるとやたらドリブルで抜いてくる選手がいて、それがヨンギだった。名前がヨンギ（勇気と同じ発音）なのでヨンギネジャ（勇気を出せ）という掛け声にも聞こえて、それがまた印象に残った。ヨンギは天才少年の雰囲気を十二分に発し、試合を観ていた信俊のアボジ（父親）も「ひとり上手い子がおったな」と記憶している。

一九九〇年、ヨンギは八歳のときに強烈な出来事に遭遇する。この年、W杯イタリア大会が開催されたのである。当時、日本ではプロサッカーリーグ（Jリーグ）も発足しておらず、NHKの試合中継を観るファンもそれほど多くは無かった。視聴率稼ぎのためか、西ドイツ（当時）とアルゼンチンとの決勝戦にはなぜか野球の王貞治《おうさだはる》（福岡ソフトバンクホークス会長）が解説に駆り出されていた。そんな時代にヨンギのアボジは息子のためにW杯全五二試合のビデオを買って来てくれた。初級学校三年生の少年の一日は、朝七時に起床してそのビデオを観ながら朝食を摂ることから始まるようになった。毎朝W杯を観て学校へ行き、校庭でサッカーをしてから一時間目の授業を受けるという毎日である。このイタリア大会はベッケンバウアーが監督を務めた西ドイツが優勝するのであるが、ヨンギの心を強烈に奪ったのが、イビツァ・オシム率いたユーゴスラビアだった。

テレビ画面に映し出されたストイコビッチのスペイン戦での2ゴールはあまりにも美しかった。1点目、ブヨビッチからのセンタリングにカタネッチがバックヘッドで繋いだボールが足元に来る。誰もがボレーで打つと思った瞬間、妖精（ピクシー、ストイコビッチの愛称）はその予想を裏切ってヒットする直前にピタリと足を止めた。スペインのMFバスケスがスライディングして来ていたのだ。バスケスのタックルは目の前を通り過ぎるただの地すべりに変わり、再び起動したピクシーの右足は見事なシュートを決める。2点目はフリーキックを壁の外側から巻いてゴールに突き刺した。それはゴールポストの外から急速に曲がって来る驚嘆すべき軌道だった。

ユーゴにはピクシーの他にも個性溢《あふ》れるタレントが多くいた。ボールに吸い付くような足裏を駆使し、「庭師の足を持つ男」とイングランドメディアに称賛されたプロシネチキ、急転回、急発進のしゃくりあげるようなドリブルで相手を翻弄する髭《ひげ》のサビチェビッチ。彼らはこの後それぞれ、オリンピック・マルセイユ、レアル・マドリード、ACミランといったビッグクラブでエースとして10番を背負うことになるのだが、その存在感をすでにこのイタリアの地で十分に見せつけていた。マラドーナ、カニージャを擁するアルゼンチンとのベスト4をかけた一戦では退場者（サバナゾビッチ）を一人出しながらも、ユーゴスラビアは一〇人で果敢に戦い前大会の王者を圧倒した。ＰＫ戦で敗れるも、試合内容はユーゴサッカーの華麗さがひと際印象付けられるものであった。この美しいサッカーが八歳のヨンギの脳裏に刷り込まれ、その後の彼のサッカー観に大きな影響を与えた。

ヨンギはストイコビッチ同様に、攻撃のタクトを振る視野の広いファンタジスタとしての道を歩き始める。ピクシーに似たのはその美学と、他にもうひとつあった。究極の負けず嫌いという点である。木村富成が語る。「僕は自転車で二〇分くらいの所に住んでいたんでよく一緒に遊んだんですが、ヨンギは何においても負けるのが許せなかったようで、サッカーのテレビゲームでも敗色が濃厚になると勝手にコンセントを抜くんですよ（笑）。トランプでもカードゲームでも負けたら本気で拗《す》ねて帰りましたからね。遊びでもそんなんでしたから、サッカーならなおのこと、試合に負けると大声で泣きじゃくっていました。内容に不満があると怒りながら涙を流していました。プレー中もミスしたら、それも単なるケアレスミスだったら、同級生や後輩だけじゃなくて先輩にも『何してんねん！』って大声で怒鳴っていました。終わったら何事も無かったようにケロッとしてるんですけどね。普段は温厚で、勉強も、絵だけは絶望的に下手でしたけど（笑）、他は何でもできて、いつも周囲に人が集まって来るような人気者でした」

かつてグランパスでの現役時代、オンとオフの激しいギャップから「ジキルとハイド」と言われたストイコビッチを彷彿《ほうふつ》させるエピソードである。
「ヨンギは小さいころにW杯をしっかりとビデオで観ていたからでしょうか、俺も朝鮮代表でW杯に出るんやと小学校の低学年のころからよく言っていました。ゴールを決めたときのダンスも考えていましたし、自分のサインも練習していて一〇〇通りくらい書いて見せられました。今でも当時のサインの面影がありますよ」（木村）
W杯イタリア大会が自身の将来の夢を見据えた瞬間だったのかもしれない。
先述したようにヨンギや木村たちの通う泉州朝鮮初級学校は一学年に一二人しか児童がいなかった。それ故に、部活動はサッカー部しか無く、男子全員がサッカー部に入部して練習漬けの毎日となった。何より、仲間はみなサッカーが大好きだったから、朝の始業前や休み時間にもボールを蹴っていた。校庭が狭いので、一人抜いてもまた一人がすぐに詰めてくる。スペースの無い中でどうやって相手を抜いてゴールを決めるのかを自分なりに考えてプレーする習慣が、自然と身についていった。芝のグラウンドで専門のコーチが指導するJリーグの育成システムとは異なる、野育ちのテクニックがヨンギに備わっていった。

ラオウ
泉州朝鮮初級学校を卒業すると、南大阪朝鮮中級学校、通称南中に進学した。当時も今も大阪は東大阪朝鮮中級学校、いわゆる東中が規模も生徒数も多く、サッカーも強い。赤いユニフォームのこの学校にはヨンギを擁する南中もまったく歯が立たなかった。ヨンギは学校の練習だけではなく、近所の在日の指導者が主宰するクラブチームにも通ってトレーニングを重ねていた。そこにはブラジル人選手も所属しており、一層の研鑽を積むことができた。南中を出ると大阪朝鮮高級学校へ進む。かつての強敵であった東中の選手たちと同じチームになることが何より頼もしく楽しみでもあった。実際、初、中級学校のときには大阪の朝鮮学校の選抜チームが作られて大阪府の大会で優勝をしていたのである。そのときのメンバーの再結成とも言えた。

「このチームならば大阪を制して選手権にもインターハイにも出場できる」。大きくモチベーションが上がっていた。さらにヨンギが二年生になると指導体制も斬新なものになった。コーチとして元韓国代表選手のチェ・ドクチュが招聘されたのである。北を支持する総聯系の朝鮮学校として、これは過去に例の無いことであった。発端は、ある保護者がサッカー部の試合を観て、この選手たちなら上位を目指せるという感触を得たことにあったという。ならばこういうコーチがいるから外部から雇ってみないかと、招くための資金も準備し始めた。よりによって朝鮮学校になぜ南の指導者を呼ぶのかという反発もあったが、サッカーに北も南も無いと大英断を下したのが、大阪朝高サッカー部の名物監督キム・ジョンヘであった（朝高生たちはこの監督を畏怖と尊敬と親しみを込めて『北斗の拳』の登場人物になぞらえてラオウと呼んでいた）。

ドクチュのトレーニングメニューは、そのあと自主練習をする気が起きないほどに厳しいものであった。ヨンギは多くのことをこの指導者から学んでいった。ドクチュはただ口で言うだけの監督ではなかった。ボールの蹴り方や身体の入れ方を実際に自らプレーして見せてくれた。これで技術的な部分の基礎ができていった。一方ではフィジカルの強化も怠ることなく、例えばチーム内で紅白戦を行う前には必ず走りのメニューを入れて、上位二二名だけが出場できるという決まり事を作って選手の目の色を変えさせたりした。選手は試合に出たいために必死に走った。また、試合に負けると次の日の練習はかなりハードな負荷が課された。結果的に、それが絶対に負けたくないという動機づけに繋がってチーム力も向上していった。ヨンギは、ドクチュコーチはこういうメンタルの持って行き方が本当に上手いなあと感心しながら、吐きそうなほどにしんどい素走りのメニューにも取り組んでいった。持って生まれた技術の高さに身体の強さが加わった。この年、朝鮮高校選抜でオランダ遠征に行き、アーセナルユースとの試合でループ気味のロングシュートを決めてマン・オブ・ザ・マッチを獲得した。

一九九九年、高校三年生になるとついに大阪朝鮮高級学校サッカー部は、インターハイ出場を成し遂げた。全国の朝鮮高校の中で初めてという快挙だった。チームメイトだった全信俊はこのころのヨンギをこう見ていた。「こいつは自然の流れでプロに行くやろうなっていう感じでした。朝高を卒業するときも横浜FCから話があったみたいやし。でも在日枠でのオファーやったから、一回大学に行かないといけないということで進学を選んだようですね。ヨンギは自分の才能とか能力を表に出そうとしないんです。能ある鷹《たか》は爪を隠すじゃないけど、傲慢に自信たっぷりに話すタイプじゃないし、口数もそんなに多くない。何というか求心力が強いタイプで、ヨンギを嫌いっていう人はいないですね。何事も筋を通して、真面目にこつこつとやるんです」

ヨンギと信俊は今でも会うと、「お前はアスリートちゃう。サラリーマンタイプやな」「いや、お前もな」と笑い合っているという。確かにこんなサッカー選手は珍しい。

二〇〇〇年、ヨンギは関西学生リーグ一部に所属する阪南《はんなん》大学に入学した。理由は朝高時代、いくつもの大学と試合を行ってきたが、唯一阪南大にだけは勝てなかったからである。「阪南は強い」。それだけの理由で進学を決めた。入学当初は練習についていくのに精一杯であった。高校までは4－4－2のトップ下のポジションをやっていたのでただ攻撃に専念するだけで良かった。天賦の才能のままにボールを操り、ラストパスを配給すれば面白いようにゴールに繋がった。しかし阪南大では当初、サイドハーフの位置に置かれた。ここは相手のサイドの攻め上がりを封じるための守備を求められる。バックの先輩が背後からコーチングをしてくれるのだが、ディフェンスをそれまでしたことが無かったヨンギは、その指示が何を意味するのか理解できなかった。当初はかなり戸惑いがあった。しかし、やがてそれも慣れていった。二年生になると先発メンバーに定着し、不動のレギュラー、そして攻撃のエースへと成長していった。三年、四年時にはともに関西学生リーグでMVPを受賞。気がつけば大学サッカー界を代表する選手に成長していた。

二〇〇三年、いよいよプロになるという四年生のとき、ヨンギはジェフユナイテッド市原の練習に参加し、ほぼ入団内定の返事をもらっていた。このときの監督はイビツァ・オシム。言うまでもなく、八歳のときに毎朝観ていたイタリアW杯のユーゴ代表の指揮官であった。「この人があのときのあのチームの監督か」と思うと、その大柄な身体にさらに迫力を感じずにはいられなかった。大阪に戻り、正式なオファーを待っていたが、しかし、ジェフからの連絡は途絶えてしまう。在日枠がすでに埋まっていたのであった。タイミングの悪いことに、時期的にはもう各チームの編成が決まりつつあった。そこから、年明けに川崎フロンターレのテストを受けるも入団には至らず、シーズン開幕も直前に迫っていよいよ進退が窮まってきた。このままでは行き場が無くなってしまう。その窮地を救ってくれたのが、またもラオウこと、大阪朝高の監督キム・ジョンへだった。ラオウ先生はベガルタ仙台のテストの話を持ってきてくれた。大阪生まれのヨンギにとって仙台はまったく馴染《なじ》みの無い土地であった。東京よりも北には行ったことが無く、多くのインタビューで答えているが、仙台と聞いて思い浮かんだのは仙台育英高校の名前だけであった（この辺り、新潟と聞いて米しか思い浮かばなかった安英学のアルビレックス入団時のエピソードと似ている）。それでももう背水の陣を敷くしかなかった。練習生としてテストに臨むと見事に合格する。

当時J2に降格したばかりであったベガルタでの一年目は三二試合に出場、レギュラーに定着した二年目は三九試合、着実に実績を積み重ねていった三年目、ついにあの有名なヨンギのチャント、リャン・ダンスがユアテックスタジアム仙台に登場する。「リャン・ヨンギ、ゲットゴール、リャン・ヨンギ」

スタジアムMCが「我らの太陽、ライジングサン、ナンバー10、リャン・ヨンギ」とコールすると同時に始まるこの派手な応援は、サポーター全員が肩を組んで左右にジャンプするもので、スタジアムが最も盛り上がる瞬間である。マスコットのベガッ太君もボールボーイも嬉々《きき》として踊りまくる。仙台の人々にヨンギがチームのエースとしていかに愛されているか、このダンスを観れば一目瞭然と言えよう。

そして二〇〇八年、チームのキャプテンに就任。この年、J2とはいえ日本のプロチームの顔として活躍を続けるヨンギは、W杯南アフリカ大会予選を戦う北朝鮮代表に招集された。

いよいよここから、代表として国際大会での華々しいキャリアが始まるのかと目された。しかし、実際は大きな試練が待ち受けていた。招集はされたものの試合にはほとんど起用されず、同じ在日選手の安英学、鄭大世とともに呼ばれた東アジア選手権でも出番は途中出場の一試合だけに終わった。ヨンハやテセがレギュラーに定着していく中で、代表Aマッチの出場は二〇〇八年に二試合、二〇〇九年は一試合。小学生のころから天才少年として知られた上に努力も人一倍続け、在日選手として初めてJリーグのチームのキャプテンまで務める男のスキルが、本国の選手に劣っていたわけでは決してなかった。当時の北朝鮮代表はW杯予選を勝ち抜くためによりリアルな戦術、すなわち堅守速攻のディフェンスに重きを置いたスタイルを取っていた。関係者の話として伝わってきたのは、そのようなチームではヨンギのようなファンタジスタは不向きと判断されたのではないか、というものだった。ファイトを内に秘めるタイプであるということもアピールに欠けると思われたようだった。ずっと試合に出続けていた人間にとってそれは歯噛みするほどに辛《つら》く、プライドも傷つく悔しい評価だった。

一方で南アフリカW杯出場に向けて北朝鮮代表は予選を勝ち進んでいった。二〇〇九年六月一七日、アジア最終予選最後の試合で北朝鮮はアウェイのリヤドでサウジアラビアと0対0で引き分け、ついに四四年ぶりのW杯出場を決めた。

そしてヨンギの本当の心の強さが証明されたのもこの瞬間からだった。

登録外の選手として

ここでまたも登場するのが在日本朝鮮人蹴球協会理事長のリ・ガンホンである。ガンホンは神戸朝鮮高級学校出身。当時幻の日本最強チームと言われた在日朝鮮蹴球団でプレーし、現役を引退後は指導者の道を歩んだ。

在日の選手を育て、本国代表に送ってW杯に出場させる。そのことで次世代の同胞に未来の夢を見せてあげる。それがこの世に生を受けた自分自身の使命ではないかとガンホンは考えていた。二〇一五年の在留外国人統計（法務省）では在日コリアンの数は三四万四七四四人と言われているが、その中でさらに北朝鮮代表になることが可能な朝鮮籍のコリアンとなると三万四〇〇〇人を切る。日本の総人口が一億二〇〇〇万人超であるから、世界中のマイノリティと比較してもその非対称性は際立つ。難事業であるが、ガンホンは決然と育成システムと環境作りに奔走する。それまで本国の主導に従っていた在日サッカーの立場を見直し、北朝鮮本国に対しての無用な躊躇や遠慮を排し、敢然と立ち向かって自らの主張を伝えることで在日の選手を代表に送り込んだ（その第一号が、ボランチの選手であるにもかかわらず「点が取れる」と推薦し、その期待に応えた安英学だった）。蹴球団で一年後輩にあたるキム・ジョンソン（FC琉球監督）はガンホンの性格を「すごくストレートに物をはっきり言うので本国に『合う』んです。本国は彼がガンガン言って来るのは私欲からではないというのが分かっているので、受け入れられているんでしょうね」と言う。

このガンホン理事長は、ヨンギが高校二年生のときに朝鮮高校選抜でオランダ遠征に行ったときの監督でもあった。ガンホンはヨンギに対して、トラップの角度やボールの持ち出し方などの細かい指示を与えながら、その豊かな才能に早くから気づいていた。それ故に二〇〇五年にはマカオで開かれた東アジア競技大会に代表として連れて行っていた。所属しているベガルタ仙台がJ2に所属しているという部分での推薦のしづらさはあった。しかし、本国のメンバーにおいてもヨンギほどの高度なフリーキックを蹴れる選手はいないと考えていた。「ヨンハがボールを奪って、それをテセに預けて、テセが相手にこかされてヨンギがフリーキックを蹴る、ほんで奇跡が起こる。このパターン。本国には在日選手が増えてバランスが悪くなると言う保守的な考え方もあるかもしれませんが、僕はそれを崩していったら、逆に本国の選手も切《せっ》磋琢磨《さたくま》できて伸びると思うんですよ」（ガンホン）

二〇一〇年W杯出場の二三人の登録メンバーを決める本国・平壌での会議の席上、ガンホンはヨンギを加えることを強く主張した。議論は白熱し最後は監督のキム・ジョンフンとガンホンの話し合いになった。ガンホンがいつもの調子でストレートに主張するも、このときはジョンフンも引かなかった。ヨンギはW杯予選にほとんど出場していなかった。ジョンフンは言った。「私はテセ、ヨンハも含めて今まで一緒に戦ってきた選手二三人を自分の息子のように思ってきた。そこから誰か一人を落とすというのはできない」

ガンホンはようやく引き下がった。「やはり無理か」。そのとき日本から同行していたナム・テファがガンホンに説いた。テファは在日の北朝鮮代表選手をマネージメントする会社エボリューションの代表である。「選手以外の枠ででもヨンギを南アフリカのW杯に連れて行きましょう。その意義はありますよ」。ガンホンはこれを聞くと、少し考えて反対した。

「お前、ヨンギの気持ちを考えたれ。試合に出られないのに大会中にずっと帯同するというのは選手としては辛すぎるぞ。プライドというもんがある」。しかし、テファは主張した。「いいえ、この体験を必ずヨンギは活《い》かします。彼にはその強さがあるはずです。絶対に彼のためになりますよ」

ガンホンはしばしの沈黙の上でうなずいた。「そうか」

再び理事長は本国の席上で発言した。「二三人のメンバーにはもう異議はありません。しかし梁勇基の登録をして下さい。選手枠はもう無いから、私の役員枠を使って下さい」。自分の代わりにヨンギを南アフリカに連れて行ってくれという発言に席上は静かになった。この議論はどこに向かうのか。かつてない在日側の思いもかけぬ強い要求に摩擦が起きるかと思われた刹那、書記長が声を上げた。本国のサッカー協会の重鎮であった。「それならば、代わりに私を抜いてくれ。私がW杯に行くよりも梁が行く方が未来があるだろう」。本国側の役員が自ら身を引いた。

こうして梁勇基は南アフリカに帯同することが決まった。選手たちは何がどう行われていたのかは知らない。

ヨンギは出場登録選手以外の、二四番目の選手としてW杯に参加した。これは、岡田武史日本代表監督が練習のために南アフリカに帯同させた四名のサポートメンバーという位置づけとも異なっていた。北朝鮮代表の中でそれは役員の枠でのベンチ入りであり、練習には参加し宿舎も同じであるが、試合には出られない。

ヨンギはそれでも黙々と自らのやるべきことを進んで行った。悔しさを封印し、ふて腐れるような態度は一切見せずに、練習が始まると全力を出した。チームメイトのために水を運び、声を出して励まし続けた。かつて試合に負けると号泣していた負けず嫌いの少年が、W杯イタリア大会を観て以来憧れた夢の舞台が目の前にあるのに出られない。辛い思いがあるはずなのに微塵もそれを態度に出さず、仲間をリラックスさせるためにときに冗談を飛ばし、物まねをする。全てはチームのために。

ヨンハは感じ入っていた。「ヨンギは仙台ではキャプテンだし絶対的な存在だから、こういう立場に置かれたときはついつい態度に出てしまうと思うんですが、そこもしっかりと受け止めてチームのために何ができるかを自分の頭で考えていました。僕だったらそういうことが果たしてできただろうか。やっぱりすごい奴ですよ」。ヨンハによればヨンギは捨てシャリの少ない寿司職人のような男だという。サッカーのプレーでは予備動作の無い、それこそピクシーのような切り返しでシンプルに相手を抜いていく、トークも無駄なガヤを乗っけずに確実に面白いボケを返してくれる。そんな振る舞いが代表チームの大きな糧になっていた。

ヨンギは、W杯南アフリカ大会は今までサッカーをやってきた中で最も悔しい時間であったと回顧する。

「でもそのことを誰にも気取《けど》られたくなかったですね。特に同じ在日の代表として来ているヨンハさんとテセには、自分の腐っている様子や元気の無い姿を見せて気を遣わせることは絶対にしたくなかった。二人は本当に苦労して手に入れたW杯だから、純粋に応援する意味でも大会に集中して欲しかった」。ヨンギは、努めて明るく振る舞った。

悔しさもしかし、二〇一〇年六月一五日までであった。ヨハネスブルグで行われた北朝鮮対ブラジルの試合でベンチに座り国歌を聞き、W杯のその雰囲気に浸った瞬間、今まで感じていた葛藤やネガティブな思考が全部吹き飛び、鳥肌が立った。

「改めて、南アフリカに来て良かった、そう心から思いました。そして僕のその道筋に力を注いでくれた人々に対する感謝の気持ちが込み上げてきました。僕の口惜しさなんて小さなことだと心から思えたんです」。紛れも無く彼もチームの一人として戦っていた。

W杯のピッチに立つことはできなかったが、ある意味誰よりもW杯を希求する体験をしたヨンギの帰国後のモチベーションはひときわ高くなった。二〇一一年一月のアジアカップではしっかりと北朝鮮代表の先発メンバーとして名を連ね、Jリーグ開幕後も東日本大震災で被災した仙台を激励するかのようなベガルタの快進撃を攻撃の要として支えた。二〇一二年のJリーグ準優勝（クラブ史上最高位）の大きな原動力となったのである。あの南アフリカでの悔しさを糧にできたことで、これからはどんな状況でも下を向かずに頑張れる自信がついたと口にした。

ハルモニ

二〇一五年、鄭大世が日本に帰還した。在日三世として愛知県に生まれ愛知朝鮮中高級学校、朝鮮大学校を経て川崎フロンターレに入団。二年目からレギュラーの座を獲得しゴールを量産、出場した一一二試合で46ゴールを挙げて抜群の存在感を示した。ピッチの外でも気さくで気取らない性格から川崎のサポーターに愛された。二〇〇七年には北朝鮮代表に選出されて二〇一〇年W杯南アフリカ大会アジア予選を戦い、同国にとっては四四年ぶりとなった本大会出場に貢献した。その晴れ舞台の初戦、ブラジル戦前に行われた国歌斉唱の際に、ヨハネスブルグのスタジアムでテセが涙を流したシーンの映像はＦＩＦＡ（国際サッカー連盟）のＨＰのメイン画面を飾っている。テセはまた記録だけではなく記憶に残る得点を決める選手だった。川崎時代の大宮アルディージャ戦で一九一センチの大型ＤＦマトを吹っ飛ばして決めたゴールや、アジア予選アウェイの地で行われたイラン戦での相手の頭二つ上からたたきつけた強烈なヘディングシュートなどは強烈な印象として今でも私の脳裏に残っている。Ｗ杯後はドイツ・ブンデスリーガ二部のボーフムへの入団が決まり、念願であったヨーロッパでのプレーが実現した。二〇一二年には同じくドイツの一部１．ＦＣケルン、二〇一三年には韓国のビッグクラブ水原三星ブルーウィングスに渡り、そして二年後Ｊリーグ・清水エスパルスへの移籍が発表された。

冒頭、生まれ育った日本に戻ったという意味で、敢えて帰還と書いた。

在日としての民族教育を受けながらサッカーと出会い、日本でプロになり、北朝鮮代表としてＷ杯を戦い、ドイツ、韓国と広く海外でのプレーと生活を経験してきた彼は、その濃厚な時間の中で何を見聞し、今何を感じているのか。それを伝える前に彼のルーツを記しておきたい。

ハルモニ（祖母）の金弘善《キムホンソン》の存在なくしてはテセのことは語れない。それはすなわちテセの一族の原点である。

二〇一〇年の四月だった。私は名古屋市笠寺の弘善の住まいを初めて訪ねた。部屋の壁の至る所には、川崎フロンターレでプレーする孫のポスターと写真が貼られている。弘善は柔和な笑顔を作り「遠いところからよく来てくれましたね。孫のためにね。こんなに嬉しいことはないですよ」とぽつりぽつり話し始めた。当時九一歳。耳が少し遠いと聞いていたが、受け答えする所作や発言の内容は驚くほどにしっかりとしたものだった。「誇らしいお孫さんですね」

「はい。あれが球を入れると嬉しいですよ」

弘善が現在の韓国・慶尚北道安東《キヨンサンブクトアンドン》から、妹の憲伊《ヒヨニ》と弟の在甲《チエガプ》を連れて愛知県の武豊《たけとよ》にやってきたのは、大日本帝国時代、韓国併合から二二年が経過した一九三二年、一三歳のときだった。三河地方の西尾の紡績工場で働くことになり、朝五時から夜の一〇時まで従事した。給料は半年で一五円だったという。やがて同胞の朝鮮人と結婚、二人の子どもを授かるころになると日本の敗色は濃くなり、空襲の被害は本土にまで及んでいた。B29の編隊が飛来して爆弾を投下したために居住地周辺は火の海になった。近隣の遺体の処理に走り回った弘善の夫は、新型爆弾の影響なのか高熱を出して寝込んでしまった。するとそれを聞きつけた憲兵隊が来て、夫を連れて行った。伴侶の骨だけが白い箱の中に入れられて帰って来たのはその五日後だった。弘善には亡くなったことについて何の説明もなされなかった。

苦労の末、やがて再婚し、広島の大竹の朝鮮人集落に移り住み、ここで三人の子どもを産んだ。四五年八月一五日、日本が敗戦を迎えると、大竹の朝鮮人たちは、奪われた自分たちの言葉を取り戻すべく、子弟に朝鮮語を教え始めた。大竹国語講習所の始まりである。このころには二人目の夫も病気で亡くしていた。「病院に行きなさいと言ったんです。でも行かなかった。死ぬ間際になって『日本の文字が読めないのが恥ずかしくて病院に行けなかった』と言うんです。死ぬ間際にね」。翌四六年四月一六日には朝聯大竹初等学院が開設された。しかし、一九四八年になるとGHQによる弾圧を受ける。マッカーサーの指示により「朝鮮人学校の閉鎖と在日朝鮮人たちの日本人学校への編入」が文部省学校教育局長の名前で各都道府県知事宛に出されたのである。子どもたちへの民族教育の実質的な否定である。当然多くの朝鮮人が反対し、抵抗するが、弾圧もすさまじく、四月二六日には大阪府庁前に抗議に来ていた一六歳の金太一《キムテイル》少年が警官に発砲されて死亡する（阪神教育事件）。四九年一〇月にはついに強制閉鎖されてしまう。弘善はここで立ち上がった。その後も粘り強く続けられた民族の言葉と文化を繋いでいく運動に参画し、朝鮮中級学校を海田《かいた》に開設する会の発起人として名乗りをあげたのである。

当時、家のある大竹から海田までは鉄道を使っても二時間かかった。長女淑姫《スッキ》と次女貞琴《チョングム》は知り合いに預け、生後八ヶ月の長男栄勲《ヨンフン》を背中におぶって通い続けた。民族学校開設のために「知恵のある者は知恵を、おカネのある者はおカネを出そう」という合言葉があった。弘善は言う。「私にはそのどちらもなかったです。だから力を出しましたよ」。建築現場に着くと乳飲み子を柱にくくりつけた。そして自ら土砂を運び、校庭の整地のためにシャベルを振るった。一日の作業が終わると疲労が全身を支配した。息子を再びおぶって汽車に乗ると、赤子は母の背中が嬉しくて動き回り、疲れた身体に重みが増す。しかし、一日たりとも学校建設の作業を休むことはしなかった。「私らは、仏さん放っておいてもやっていました」。朝鮮民族にとっては極めて重要なチェサ（法事）の儀式を放り出してまで学校建設にまい進したという。

そんな過酷な境遇に生きる当時の在日朝鮮人を韓国が棄民政策で見捨てたのに対し、当時の北朝鮮政府は国をあげて支援をしてくれた。一九五七年四月八日には教育援助費として約一億二〇〇〇万円が平壌から送られてきた。九割以上が南の出身である在日が北を支持したのには、この恩義を忘れてはいけないという強烈な思いがあったからである。弘善は日本人の家庭で残飯をもらって豚を飼い、酒かすをもらってはドブロクを造り、五人の子どもを女手一つで育て上げた。次女の貞琴は税務署や機動隊の摘発が入るたびに先頭に立って「連れて行くなら私を連れて行け」と叫ぶ母の姿を今でも覚えている。貧しい生活の中、弘善は家計をやりくりしながら全ての子どもたちを民族学校に通わせ、卒業させた。息子を高校に入れるときには、生まれた豚の子を担保に（この豚が大きくなったら返すからという約束で）おカネを借りて進学させた。家の経済状況を知っているがゆえに、海田までの定期代がもらいづらかったという貞琴は、自身が成人すると民族学校の教員になった。テセは貞琴とその夫・鄭吉夫《チョンギルブ》の次男として一九八四年三月二日、名古屋で生まれたのである。

疾走する人間ブルドーザー

拉致問題以降、核実験、ミサイル発射と今、この日本では北朝鮮に対するイメージは極めて悪いが、言葉を奪われていた在日朝鮮人と国語講習所、民族学校建設の歴史を知れば、その子息たちが朝鮮学校に進学するのは決して不自然な流れではない。かつて韓国もアメリカも日本も在日を見棄てていた中、北朝鮮だけが手をさし延べてくれた。七〇年代から独裁が進んでしまい、あの国に大きな問題があることはわかっているし、我々在日コリアンのことを何も考えていないと思うときも多々あるが、祖父母や両親が捧《ささ》げた人生を自分は否定できない。そう語る在日三世や四世に私は多く会ってきた。

愛知朝高時代の恩師リ・テヨンによれば、テセは決して生まれながらの才能に頼った選手ではなく「真剣な努力の人間」であったという。入学当初、試合に使えそうな一年生を四人選抜して連れて行くという遠征があったが、そのメンバーの中にテセは入っていなかった。「同学年の中で四番目以下という評価を受けたこと。それがよほど悔しかったのか、必死に個人練習をしていました。それを見て何か強いものを持っている子だというのは感じました」

努力の末の開花にそれほど時間はかからなかった。高校二年生のときの四日市中央工業との試合で、名将樋口士郎監督がテセのプレーを見て驚愕《きょうがく》し、テヨンに思わず伝えた。「あれは何という選手？　並外れてスーパーだよ」

　当たり負けせずにガンガン突き進む強靭な身体は、高校生のレベルを超え始めていた。同じ東海地方に、高校選手権の得点王になり高卒Jリーガーになった FW の選手がいたが、テヨンは高校時代からすでに「ストライカーとしての力量は彼よりも圧倒的にテセの方が上」と心中で高く評価していた。しかし、認める一方で決して彼が天狗にならないように配慮していた。テセには、気持ちの強さ故に思い通りに試合が運ばないと、感情をコントロールできないところがあった。高校三年時のある公式試合の最中だった。味方や審判に当たり散らす教え子を見るとテヨンはベンチを飛び出した。ピッチ上のテセをサイドライン際に呼びつけると、試合中にもかかわらず、保護者も見ている前でいきなり殴りつけた。突然の出来事に周囲は凍りついた。しかし、殴られたテセは頭を下げて試合に戻っていった。テセは、テヨンがいつも選手のことを考えてくれているのが分かっていた。そこには揺るぎ無い信頼関係があった。

　そのテヨンの勧めもあり、高校卒業時、幾つものサッカー名門大学からの誘いを断り、当時東京都リーグ三部の朝鮮大学校に進んだ。在学中のことをこう振り返る。「レベルの低いリーグに属する大学ですから確かにプロを目指す上ではモチベーションを保つことが大変でした。もし関東一部リーグにいたら、Jリーグのスカウトもたくさん来てくれるでしょうけど、東京都リーグでは相手にもされない。でも幸いチームメイトにいい選手が揃《そろ》っていたんです。全国の朝鮮高校から中心選手が集まって来たんですね」。その中心選手の一人、神戸朝高のエースで朝鮮大学校でテセとツートップを組んだ金正旭《キムジョンウク》は、テセの第一印象をこう語っていた。「当時の朝鮮高校の実力で言うと、東京朝高がまず一番で次が大阪、そして神戸、広島という順番で、愛知はそれほどの存在ではなくテセのことも正直無名で知らなかったんです。それが入学早々の紅白戦で出てきたらいきなり人並み外れたプレーを連発するんでびっくりしました。身体能力の高さ、バネのすごさ、同じ学年とは思えなかったですね」

　後にフロンターレで、「人間ブルドーザー」というニックネームをサポーターから頂戴する強靭なフィジカルが萌芽《ほうが》し始めていた。東京朝鮮高校のサッカー部監督を一六年間務めた、まさに在日サッカー界の生き字引とも言えるキム・ミョンシクはテセを評して「身体が強いと言われる在日の選手の中でもあそこまで能力の高い選手は今まで見たことがない」と語っていた。

　正旭にはまた、グラウンド外での強烈な記憶があった。朝鮮大学校は何より自民族の文化を重視するため、普段着にアメリカ帝国主義を象徴する様なＧパンを穿くだけでも教師や先輩に叱られた。そんな中でテセは堂々とＢ系ファッション、いわゆるヒップホップやＲ＆Ｂのアフリカンアメリカンのスタイルできめていたのだ。ひとつ上の兄、イセの影響で高校時代からヒップホップの音楽が好きだった。ＧＫだったイセはまたユニークな性格で、丸刈りが普通の体育会でドレッドロックスをなびかせ、一度ジブリのアニメについて語り出すと止まらないとい

うサッカー選手だった。「学校で歩いていて、ああすごい格好の学生がいるなと思うとイセとテセでした」（正旭）

テセは小学校から民族学校という限定された在日社会に身を置きながら、若くして多様な文化の価値観を持っていたと言える。それでいて、大切な現場では民族の軸がぶれない。こんなエピソードを正旭が語ってくれた。「朝練習のときだったんですが、一人の選手がポロのウエアを着ていたんです。アメリカのブランドですから、襟のところに小さな星条旗が縫われていたんです。本当に小さな模様。それを見つけたテセがいきなり怒ったんです。『お前、それはあかんやろう！』と。聞いた皆は『おいおい、お前が言うなよ』って突っ込んだんです（笑）。テセもすぐに気がついて謝ったんですが爆笑しました」。確かにお前が言うなよであるが、ここで私は考えさせせられた。普段はB系ファッションに身を包み、MASEの音楽に身体を揺らす男がなぜ、同胞の星条旗に憤慨したのか。大きな違いは、このときはサッカーの現場であったということであろう。本人が自覚しているのかどうかは分からないが、自分にとっての仕事場では自らのアイデンティティーが極めて自然に覚醒されたのではないだろうか。オンとオフである。そして朝大卒業後、生まれながらの韓国籍を持ちながら北朝鮮代表で戦うことを選んだ。そんなテセの涙であるからこそ、ヨハネスブルグでの号泣は在日の背景を知らないヨーロッパや南米のサッカー関係者の胸をも打ったのではないだろうか。

ネトウヨによる「国家保安法」違反容疑

日本社会にマイノリティとして生まれた在日の場合は、常に対日本というひとつの対立軸が存在するが、そこから世界に飛び出したとき、また更に立体的に自身の境遇を相対化する機会に接する。テセと同じく朝鮮大学校出身の映画プロデューサーの李鳳宇はパリのソルボンヌ大学に、映画監督のヤン・ヨンヒはニューヨークのニュースクール大学に留学した際にその体験が大きかったことを語っている。全てのサッカー選手の夢であるW杯に北朝鮮代表として出場し、ドイツのクラブに移籍し、韓国でもプレー、海外の異なる環境に身を置くという貴重な体験を重ねて五年ぶりに日本に帰ってきたとき、自分自身の言葉を持つテセがどのような発言をするのか、楽しみに取材の席についた。

ヨーロッパでプレーする際に日本に住んでいるコリアンとしてのアイデンティティーの持ち方というのはどういうものだったのか、そこから話を紡いでいった。

「アイデンティティーについては、ドイツでやっていたときも今でもそれは模索中ですし答えは出ないと思うんです。でも、ブンデス一部でデビューしたときに『ブンデスリーガで初めての北朝鮮の代表選手』みたいな感じで僕が紹介されたんですが、何かしっくりこないんです。自分としては、どっちかというと日本代表みたいな意識があったので……。

日本で育ったし、Jリーグで育ったからですね。じゃあ僕が日本人かといったら全然違う。むしろ学校にしても全ての面でそこは同化に抵抗してきているわけじゃないですか。名前も変えないし、国籍も変えないし、言葉も守って、民族教育を受けてという、抵抗している立場なので、日本人ということにもしっくり来ない……。日本人が嫌いとかじゃなくて、でも日本人になることは抵抗があるし、そういう部分で説明するときは、正直、almost Japanese と答えてましたね」

——almost Japanese、ほとんど日本人。

「ええ、ほとんど日本人。自分の感覚的にはやっぱりそうだし、北朝鮮代表に行ったときに、じゃあ僕が北朝鮮の人かというと、それはもう、ものすごい違和感があります。それは違うなと思うんです。ウリナラ（私たちの国＝祖国）はウリナラですけど、自分は完全に朝鮮人と一緒の感覚を持っているかといったら全然違う。資本主義の中で生きてきたから。だから、ドイツでもそういうふうに見られるのが嫌じゃないんですけど、説明するときには、日本人じゃないけど、fast Japaner（ファスト・ヤパーナー、〝ほとんど日本人〟の意）と言っていました。まあ、サッカーで必死だったので、ドイツでは自分の民族性を考えることはほぼ無かったですね。向こうでは具体的に接するものがないじゃないですか。だって、在日というアイデンティティーは、日本の中に存在するもので、日本の外に出たら何も無い。国籍、民族が異なるマイノリティの問題というのは、どこの国にもあるわけじゃないですか。ヨーロッパにおける難民にしても移民にしても、そういう多くあるものの中のひとつですよね。だから、自分が在日コリアンであるということは原点ではあるけど、ドイツではそこにとらわれた考え方もしてなかったし、常にそれは外して考えてましたね」

――特にドイツはポドルスキ（ガラタサライ）のような東欧系や、エジル（アーセナル）のようなトルコ系の選手も多いじゃないですか。だから、ドイツ代表の選手にアイデンティティーについてインタビューをすると、『実は俺も三歳まではポーランド人だったんだ』とか、『じいさんがチェコから来たんだ』とか普通に言いますね。オシムがサポートしてW杯ブラジル大会に出場したボスニア・ヘルツェゴビナ代表というのは、ミシモビッチもピアニッチもそのほとんどが在外ボスニア人なんです。もちろん、ナショナリティーはボスニアで、ボスニアパスポートを持っているんだけれども三～四歳で戦争があったから、ほぼ全員が子どものときに親と一緒に難民か移民で故郷を出ているわけです。だから家庭の中ではボスニア語をしゃべるんだけども、基本的には外国に定住している。でもヨーロッパは税金さえ払えば二重国籍が認められているので何の矛盾も無い。

「それが可能ですからね。これは大きな違いですよね。どこに行っても僕は税金をフルで払って来ました。ドイツで四七％払ってたし、韓国でも二年目からはもう三九％払ったし、日本では五五%の税金を払うわけです。でも何か権利を得られるわけじゃないんです。ただ払うものだけ払わされているという感じなんです」

——いろいろな国を往還してきているので、その生きざま自体が同胞の子どもたちに与える影響というのはすごく大きいし、夢を与えることになるんじゃないですか。

「はい。それは、日々意識していることなので。でも、いろんな国でやってきて、ナショナリズムが何かとか、アイデンティティーが何かというのは、逆にどんどん弱っていっている。というか、逆に、ボーダーの自分の中の意識というのが、どんどん無くなっているんです。ただアイデンティティーについて考えをめぐらせて、たとえ意識することが薄くなったとしても自分の出身が在日であることに変わりはない。だから僕が活躍する姿を見てくれる同じ境遇の在日の子どもたちからすれば、Jリーグで活躍したり、日本を飛び出しドイツのブンデスに挑戦しているというのはポジティブなことであると思う。ネガティブなことは何も無いと思っています」

——ドイツ語も話せるので今はトリリンガルですね。

「週に五回ぐらい家庭教師について勉強していましたね。コミュニケーションが取れないと気まずいんで。気ぃ遣いなんで気まずいのが嫌なんです。ドイツ人といっても、さっきおっしゃいましたけど、色んな人種が交ざっていますからね。ケルンでプレーしていたときは、ポーランド人と一回同部屋になったことがあったんです。すごく聞きたかったんですよね。『正直、ドイツのことをどう思ってんの？』って。でもすごいデリケートな問題かなと思って、聞けなくて……。すごい後悔しています。そのとき聞いときゃよかったなと思って」

――ドイツでのプレースタイルの違いに関してはどうでしたか。

「僕はドイツでは自分のネクストレベルのスタイルが確立できなかったんです。今はもうどこに行ってもやっていけるというのを確立したんですが。やっぱり川崎であういう（フィジカルで押す）形で成功したんで、それを貫くのか、新しいプレースタイルに取り組むのかのジレンマにずっと悩まされていました。ドイツでは僕みたいに常にシュートを打っていたら、監督がすごく怒ってくるんですよ。『おまえはシュートばっかり考えないで、パス出せ』って。でも、僕は聞く耳を持ってなくて、いや、自分はフォワードなんだから、欲が無きゃ、シュートを打たなきゃ入んないんだからという信念があったんでスタイルを変えなかった。行って半年間は、すごい良かったんですよ。半年で8点入れたんです。でもあることがきっかけで、僕はすごくコンディションが落ちてしまったんです。ドイツへ行ってから膝がずっと痛かったんですが、ウインターブレイクで一度日本に帰っていたんです。そのときはもうアジアカップが始まっていて、（二〇一一年一月）一一日が試合だったのでそれに向けて、チームからは三日にドイツに来てトレーニングをしてから代表へ行けと言われていたんです。でも、ホームシックで、日本にいたくなってしまった。だから、膝を休めたいという理由で日本にいて結局九日に合流したんですよ。本当にその心の隙で、結局コンディションがどんどん落ちていった。全然スプリントもなくなって、すごく疲れやすくなったし、相手の裏に抜けるのがしんどいから、足元でボールをもらうようになったんです。そしたら、もうゴールの決定機がない試合が増え出して、点が取れない。それはフォワードとしては一番よくないじゃないですか。その結果試合に出られない。試合に出るために、他のクオリティーをアピールしようとして守備もし出したら、なおさらしんどくなるという巡り合わせで、今考えたら相手の裏に抜ける意識がまったくなくなっていた。その後、ケルンに移ってからも活躍できずで、ドイツのときはプレースタイルの変化が正直、できなかったですね」

そして韓国へ渡り、水原三星ブルーウィングスに移籍する。ここではピッチ外の雑音に悩まされた。二〇一三年六月、テセは「国家保安法」違反容疑で訴えられたのである。訴えたのは韓国の保守団体のインターネットメディア協会で、かつてテセが「私の祖国は北朝鮮」と述べたことなどを問題視して同協会のビョン・ヒジェ会長が「彼の発言は北朝鮮を賛美しており、大韓民国の存立を脅かす。国家保安法に違反する」と主張したのである。テセの発言はサッカーにおける代表チームに向けた思いを語ったに過ぎず、言いがかりに等しいものであった。事実ヒジェ会長は、韓国内であらゆる人物を告発し捲《まく》っており、そのことから承認欲求の強い男として知られていた。告発以降、水原三星ブルーウィングスのクラブハウス事務所には毎朝、電話がかかってきた。「何であんなアカ野郎と契約したんだ、さっさと追い出せ」「北朝鮮のスパイのやつを早く送り返せ」など、苦情の電話が鳴りやまなかったという。この告発については二〇一四年九月三〇日に水原地検が証拠不十分ということで不起訴処分にしたが、それでも現役のサッカー選手のメンタルをいかに乱したかは想像に難くない。

「日本で言うネトウヨと呼ばれる人ですかね。そういう人はどこに行ってもいるんだなと思いました。韓国も、やっぱり一緒でしたね。クラブも僕が目立つことをすごく嫌がって、テレビ出演とかのオファーもいっぱい来たけど一切出られなかったし、取材にも一切答えられなかったです。自分が思っていた韓国と、行ってみて分かる実際の韓国は全然違ってすごく寂しかったです。僕は日本でプレーして、北朝鮮でもプレーして、韓国でだけプレーしなかったから、韓国っていう世界を見てみたかったんですね。サッカーについてもそうだし、民族性についても、その韓国という国自体を体験してみたくて行ってはみたものの、なかなか……。どこの国へ行っても税金などで払うものは払うけど、受け入れられないものは受け入れられないという現実がある。だから、その感覚を分かってもらいたくて、僕は『ふと緩やかな〝在日コリアンの国〟っていうのが存在するといいなとか思ったりするんですよ』みたいなことを言ったら、排他主義の人たちから、『お前、そんな勝手に人の国で国家なんか作るんじゃない。こいつは恐ろしい考えの人間なんだな』とか言われてしまいました。九九人がいいこと言っても、一人が批判したら、その一人の批判がすごく大きく感じるじゃないですか。だから、日本にいてもネットのコメントは見ないようにするけど、たまに気になってのぞいたりすると、やっぱり『北朝鮮に帰れ』みたいな、ものすごい差別発言ばっかりですね」

二〇一五年、ある浦和レッズサポーターの少年がガンバ大阪の黒人選手パトリックのツイッターに挙げた人種差別発言「黒人死ねよ」が問題視された。パトリックは「まさかこの国でそういう目（差別）に遭うとは思わなかった」と発言。問題が表に出るとガンバも即座に弾劾して浦和レッズも迅速に対策を公式HPで発表する。少年もまた謝罪した。もちろん黒人差別は度し難いものであり、レッズの対応も誠実でそのこと自体は正しくレイシズムに向き合ったと言えよう。しかし、一方でパトリックは気づいていないようだが、日本にも野放しにされている差別やヘイトが根強く存在している。在日韓国・朝鮮人選手の名前を少しでもネット検索すれば嫌でもそれを目にする。テセもそれは感じていたようだ。

「僕の周りにはそれが当たり前のように行き交ってるんですよ、当たり前のように差別発言がある。黒人の差別に対しては、みんながあんなに敏感に反応するのに、朝鮮人のそれに関しては、ヘイトスピーチのことについても何も……。サッカーでも例えば韓国の選手が激しくプレスかけたり、球際に激しいスライディングタックルとかすると、それに対して日本のサポーターはすごく敏感になり、『汚い』とか言う。すごい敏感なんです。でもイングランドの選手なんかも激しく行くじゃないですか。でもそれに対しては『やっぱり海外は違う、ファイトしてる』みたいなことを言うんです。それも変な話じゃないですか」

——それは伝えるメディアや偏見の問題もありますね。レフェリーの問題ですが、かつてセルビア人のストイコビッチにはJリーグの審判はすぐにイエローカードを出していたけれど、イングランド人のリネカーには彼がどんなに相手選手に手を使っても反則を取らなかった。それを思い出しました。日本に帰って来た現在を自分のサッカー人生の中でどう捉えていますか。

「最後のエピローグという感じです。僕の中では今がキャリアで一番いいパフォーマンスができていると思っているんですよ。フロンターレ時代と比較してゴールが少ないという批判をしてくる人もいるんですが、自分のことを一番知ってるのは自分です。あのころの自分は派手でも安定感がなかったし、一回ミスるとミスり続けていました。心の安定がまったくないから、試合でもいいときはいいけど悪いときはすっごく悪かった。今はそれがまったくないですよ。ずーっと安定してる。今の自分のプレースタイルは、ゴールじゃなくて、それ以外でも大切なことを分かってチームのためになることもしてるから、実際、監督として使いやすいのは今のプレースタイルだと確信しています。

フロンターレのときは、自分で言うのも何なんですけど、すごい野心家だったんです。向上心の塊だったし、どうしても上に行きたかった。だから、川崎フロンターレにいて活躍できるのは当たり前で、もっと難しいところに籍を置きたかった。それで海外に行ってもっと世界で轟《とどろ》きたいと思っていたんです。でも今は行くとこまで行って満足しているところがある。正直子どものころは草サッカーしかない環境でサッカーをしていた人間だから、ちゃんとした指導とも無縁だったし、ゴールデンエイジのときにトレセンで英才教育を受けたわけでもない。そんな在日の自分がブンデスリーガまで行ったんなら、ひとつのことを成し遂げたかなとは思います。家族と一緒に自分が成長できるようなサッカーを楽しみたいですね」

テセはこのインタビューの日、C級コーチライセンスに合格という一報を受けている。北と南に国が二つに分かれているために、その政治が日本国内の在日社会にまで持ち込まれる。複雑な境遇の中を生き抜いてきた人物には多角的な視座と胆力が備わる。かように貴重な経験を重ねてきた人材が、将来Jリーグで指導者になれば日本サッカーに大きく寄与することは間違いないだろう。ルーツの違いをことさら強調したり煽ったりするのではなく、それを認めた上で融和していく。成熟したサッカー界とはそのようなものである。

第四章　帰国運動を巡って刻んだ双曲線
キム・ミョンシクとリ・ドンギュウ

全国三位の立役者

歴史を見てみたいと思う。過去、東京朝高サッカー部が全国高等学校蹴球（現サッカー）選手権大会に勝ち進んだ年が一年だけあった。遡ること約六〇年前、一九五四年度のことである。それまで実力的に高校日本一ではないかと目されていた東京朝高が全国大会に出場できなかったのには、制度的な理由があった。朝鮮学校は、もともと在日朝鮮人たちが植民地支配で奪われた自分たちの言語や文化を取り戻そうと、第二次大戦後に全国各地で作り上げた「国語講習所」に端を発する。

「自分たちの言葉を取り戻す」ことを大義として生まれた学校は、当然ながら朝鮮語を母国語として教える。それは日本の教育行政においては私立の各種学校（珠算学校や自動車教習所などと同じカテゴリー）という位置づけになるため、文部省（当時）管轄下の高体連主催の公式大会には出場を許されなかったのである。

敗戦国日本における占領地政策の風向きが変わり、その影響が学校行政に及んできたのが一九四八年一月である。GHQの反共政策の指示を受けた日本政府は「北朝鮮を祖国として教える教育は、政治教育の禁止に抵触する」として、朝鮮学校閉鎖令を発する。保護者も生徒も猛反発したが、警察が乗り出し強制閉校に追い込まれた。政府はその後、行き場を失った生徒たちに対する措置として朝鮮学校の暫定的な公立化を図った。結果、一九四九年に東京朝高は東京都立朝鮮人高等学校となったのである。そこでは日本語が正課とされて朝鮮語の授業はあくまでも課外の授業とされた。その後、一九五二年にサンフランシスコ講和条約が発効されると、在日朝鮮人はそれまで保持していた日本国籍を失い、外国人として登録される。当時東京都教育委員会は「外国人となった朝鮮人に義務教育を受ける権利は無いが、恩恵として入学の許可はする」という教育長通達を出している。

朝鮮学校は一九五五年度からは再び私立の各種学校に移管されるので、公立時代はこの五年間しかなかった。民族教育を受ける権利を考えたとき、寛容なのか、不寛容なのか、一概には計りかねる暫定期間であるが、済州島の四・三事件をモチーフにした大作『火山島』を著した在日作家の金石範《キムソクポム》はこの時代を肯定的に振り返る。

「私の記憶では朝鮮人の生徒のところに日本人の先生がやって来て、日本語の教育をするわけだから、もちろん軋轢《あつれき》はあったが、カリキュラムにはしっかりと朝鮮語の授業も存在した。日本人の先生側も在日の苦境を理解して『同化』という方向ではなく自分たちも進んで朝鮮語を学んで民族教育の維持に協力していた。何よりも公立なので授業料が安く貧困にあえぐ同胞たちにはそれが幸甚だった。いい季節だったと言えるね」

朝鮮高校の無償化問題に揺れる昨今、このような時代がかつて確かにあったことを記しておきたい。石範の言う「いい季節」は朝高のサッカー選手たちにとっては二重の福音だった。高体連に加盟がなされたことで日本の公式試合に出場できるのだ。その短い「いい季節」の最後の一年を東京朝高は着実にものにした。一九五四年度東京都予選を勝ち進んで選手権に出場、全国ベスト4という成績を収めたのである。ここでは原動力となった二人の選手にスポットを当てたい。何となれば、この二人は戦後の在日朝鮮人の歴史を語る上で欠かすことのできない帰国運動を巡って、大きな双曲線を描くのである。

高校サッカー東京都代表

第三三回全国高等学校蹴球選手権大会東京都予選で快進撃を続ける朝高には、前線と中盤に強力な選手がいた。一年生でありながらFWのレギュラーポジションを不動のものにしていたストライカーのキム・ミョンシク、そしてボール奪取とパスセンスに非凡な才能を見せて中盤の要となっていた、二年生のリ・ドンギュウである。ミョンシクは上背こそ無いものの類まれなテクニシャンで、試合となれば変幻自在のフェイントで相手DFを翻弄し、ドンギュウは当たり負けしない強い身体と豊富な運動量でチームの舵《かじ》を取った。

ミョンシクのテクニックは五歳から育った江東区枝川《えだがわ》の朝鮮人集落で培われた。この地は今でこそ最寄りに地下鉄豊洲《とよす》駅が整備され、都心への近さ故に地価も高騰しているが、元はゴミ焼却場しかない埋め立て地であった。ここにコリアンタウンが生まれたのは一九四一年。東京市（当時）が東京五輪（第二次大戦により中止）の選手村建設のために江東区の塩崎《しおざき》、浜園《はまぞの》に住んでいた朝鮮人約一〇〇〇人を強制的にこの場所に移住させ、バラックに押し込めたのである。いわば人工的に作られたエンクレーブ（異民族居留地）であり、いやがうえにも住民たちの民族心は燃え上がった。一九四六年に枝川に民族学校が開設されると同時にミョンシクは入学し、そこでサッカーの魅力にはまった。日本の少年たちが野球に熱中していたころ、差別と貧困に喘ぐ朝鮮人たちの間では、ボールひとつあればできるこの競技が盛んに行われていた。

「枝川集落を一歩出ればそこには差別があったし、家に戻っても貧しくてご飯も満足に食べられない。鬱積した気持ちを紛らすにはサッカーしかなかった。ろくなシューズも無い時代だったが、時間ができればボロボロのボールを仲間と蹴り合った」とミョンシクは振り返る。サッカーは、上下水道もまだ整備されず、雨が降ればどぶ川の水がすぐに溢れてしまうような環境下での唯一の娯楽と言えた。世界の多くのマイノリティ・コミュニティがそうであるように、枝川でもまた生活の一部としてサッカーが存在した。そこで五歳のときからボールを蹴り始めたミョンシクの技量は他を圧倒していた。

初級学校、中級学校と進学するに連れて、そのテクニックにさらに磨きがかかり、すでに一〇代のはじめには成人のチームに入って活躍していた。東京朝高に入るや即座にセンターフォワードのポジションを獲得したのである。

一方、リ・ドンギュウは中国東北部旧満州で生まれ、八歳のときに日本の福岡に家族と共にやって来た。やがて滋賀県に移住し、一六歳になると親元を離れて上京、東京朝高に入学した。ただでさえ貧しい在日朝鮮人の家庭である。親からの仕送りなどあるはずもなく、ドンギュウは学校の寮監のアルバイトをしながら通学するという苦学を余儀無くされた。それでも所属していたサッカー部の練習は欠かすことなく続け、チームの中軸を担っていた。

当時の東京朝高のフォーメーションはＦＷが五人、ＨＢ《ハーフバック》が三人、ＦＢ《フルバック》が二人、いわゆるＶフォーメーションと呼ばれる古典的なシステムであった。ミョンシク、ドンギュウの二人はいわばチームシステムの背骨となり、ゲームを作っていた。一九五四年秋、都立朝鮮人高等学校は破竹の勢いで東京都予選を勝ち進んでいく。一一月二〇日、対大森高校15対0、一一月二三日、対文京高校3対0、一一月二七日、対石神井高校1対0、一二月二日、対千歳高校7対0、一二月四日、対大泉高校3対2、決勝は一二月五日、青山学院高校との対戦であった。試合は序盤から朝高が優勢に進めた。得点を挙げたのはやはりミョンシクだった。右ウイングのポジションでキャプテンを務めていた三年生のホ・ジョンマン（現朝鮮総聯議長）がドリブルで駆け上がり、中央にクロスを供給すると、臆することなく走りこんだ一年生ストライカーは見事なシュートをゴールにたたき込んだ。試合は2対0で快勝した。

第三三回全国高等学校蹴球選手権大会東京都代表は都立朝鮮人高等学校に決まった。

現在は関東で行われている高校選手権であるが、当時は関西の西宮《にしのみや》で開催されていた。全国に舞台を移しても東京朝高の快進撃は止まらなかった。トーナメント初戦で長崎の島原高を2対1で破ると、続く準々決勝では宮城代表の仙台育英高を1対0で退けた。出場校が二〇校であったことから、これでベスト4進出を決めたことになる。あと二つ勝てば初出場にして優勝が決まる。朝鮮学校による全国制覇である。チームは盛り上がった。しかし、準決勝の浦和高戦の前に予想外の「事件」が起こってしまう。

ミョンシクが振り返る。「民族学校の初めての全国大会出場。さらには勝ち進んでもう少しで優勝にも手が届くというんで、多くの在日同胞たちが喜んで、我々の宿舎に大量の差し入れを持って来てくれたんだな。もうあのころの貧しい高校生にしたら、本当に目もくらむようなご馳走でね。わざわざ遠くから持って来てくれた人もいてその気持ちも嬉しかったし、夢中で皆でバクバク食べたわけです。そうしたら普段食べつけないものを大量に摂ったから、内臓がびっくりしたのか。私は全然平気だったんだけど、他の選手が腹をこわしちゃった。レギュラーのうち七人位が酷い下痢で、もう試合どころの体調じゃなくなっちゃったんだね」

結果的にこの大会を制することになる浦和高には0対7の大敗を喫してしまう。後に慶應義塾大に進学する大型ストライカーの志賀広《しがひろし》にはいいように点を取られた。「負けた理由全てをアクシデントのせいにしたくないし、浦和は本当に強くて、我々全員がベストのコンディションでやっても勝てるとは思えなかったけれど、点差はもっと縮められたかな」。何とも不運な幕切れではあったが、それでも初めての公式の全国大会でベスト4の結果を残した。

選手権では嬉しい出会いもあった。試合では日本の通名でプレーしていたが、実は在日朝鮮人という選手が多くいたのである。その代表が準々決勝で対戦した仙台育英高の大原兄弟だった。本名はカンと言い、高校を卒業すると兄も弟も法政大へ進み、関東大学リーグで名を馳せることになる名選手だった。「俺たちも実は朝鮮人なんだよ」。そう言って東京朝高の宿舎を訪ねて来た二人をミョンシクもドンギュウも温かく迎え、サッカーはもちろんお互いの学校のことなどをしばし話し込んだ。

日本の高校サッカー史に名前を刻んだ一九五四年度が終わると、東京朝高の都立の時代が終わり、再び各種学校に移管された。これは同時に高体連加盟が取り消されることを意味した。

しかし、東京都のために大きな結果を残した学校を果たしてそうも簡単に切り捨てて良いのか。一九五五年四月、都高体連のサッカー部会が開かれて議論に及んだ。各高校の代表が呼ばれて話し合いが続けられる中、ここで一人の選手が後世に残る発言をしている。東京朝高が都予選の決勝で戦った青学高のキャプテンであった鈴木洋一である。

実は朝高が予選を勝ち抜いた直後、「選手全員が外国籍のチームが東京都の代表になるのはおかしいのではないか」と全国高体連が決定に横槍《よこやり》を入れたという報道がなされた。しかし鈴木はこれを「もしかして自分たちが代わりに出場できるのではないか」とほくそえむのは恥ずかしいことだと考えていた。「朝高は東京を制したのだから、我々の代表として何があろうと全国で精一杯戦って来て欲しい」と、心から声援を送るべきだと周囲にも言っていた。

実際、東京朝高は全国で期待に違《たが》わぬ活躍をして来てくれた。そんなチームが日本の公式大会に出場できなくなることに、鈴木は同じサッカー選手として心を痛めていた。一方で、対戦して東京朝高の強さを目のあたりにした学校の中には「このままでは都の大会の優勝はいつも朝鮮の学校にさらわれてしまう」という危機感を持ち、加盟取り消しの空気を後押ししている人々もいた。

このような背景がある連盟の会議に出席した鈴木は毅然として言い切った。「スポーツに国境があってはいけないと思う。外国人だということ、強すぎるということで朝高をオミットすることはできない。強いチームは全体のレベル向上のために必要だし、今度こそ勝ってやろうという気にもなる。我々青学高は朝高の高体連への加盟継続を要求する」。堂々とした意見であった。朝高の新しいキャプテンとしてこの席に着いていた新三年生のドンギュウは感激した。

しかし、結局、鈴木の提案は会議では否決され、朝高は高体連を離脱することになった。出場規制が緩和されて各種学校のまま高校選手権に参戦できるようになるのは、安英学（現横浜FC）たちが高校三年時に出場する一九九六年まで待たねばならなかった。なお、このサッカー部会会議での鈴木の発言が契機となって東京朝高と青学高は友好関係を築き、以降、春と秋に一試合ずつ親善を目的とした定期戦を行うことになった。

ドンギュウとミョンシク

朝高が再び一切の公式戦に参加できなくなったために、二年生になったミョンシクは試合に飢えていた。サッカーはただ練習をしているだけではモチベーションを保ちにくい。一九五五年の八月一五日だった。枝川の自宅で昼寝をしていると、先輩が呼びに来た。「おい、試合だ。スパイクとパンツだけ持って出て来い」。それだけ言うとスタスタと歩いて行ってしまった。「何の試合だろう」。少なくとも日本のチームと戦う大会ではない。訝《いぶか》しがりながらもついて行った。何にせよ、久しぶりに試合に出られるのだ。こんなに嬉しいことはない。会場となっているグラウンドに着くと先輩は「ここでやるんだが、開会式とかそんなのには出なくていいからな。試合直前までお前はトイレに隠れていろ。絶対に外に出るな」と指示した。一体何なのだ。ひとりごちながらトイレの窓から外を仰ぎ見て驚いた。

「あっ、まずいな」

視界に飛び込んで来たのはポールに翻る韓国の国旗、太極旗であった。連れて来られたのは韓国を支持する団体、民団（在日本大韓民国居留民団、現在日本大韓民国民団）の主催する大会であった。言うまでもなく朝高は北朝鮮を支持する朝鮮総聯の傘下にある。本来、朝高のエースであるミョンシクが出場してはいけない大会であった。当時は東西冷戦下にあり、総聯と民団の対立も現在とは比較にならないほどに激しかった。先輩はだから、ホイッスルが鳴るまでは目立たないように身を潜めろと命じたのだ。

「まあ、いいか」。サッカーができる喜びは何ものにも代えがたかった。試合開始直前、満を持してピッチに駆け出すと、縦横無尽に走り回る働きでゴールを量産した。ミョンシクは高校選手権出場によって真剣勝負の試合の厳しさ、楽しさを知ってしまっていた。全国での自分のレベルも確認できた。もっと上手くなってもう一度この舞台に帰って来たい。そんな思いでいた高校生が、公式試合出場のチャンスを奪われてしまったのだ。その悔しさはいかばかりだったろうか。ミョンシクは日ごろの鬱憤を晴らすかのように躍動し、助っ人として腕を貸したチームを優勝に導いた。試合後は池袋に繰り出して大いに騒いだ。チームメイトとは朝鮮半島の北も南も関係なく、久々の楽しい時間だった。

しかし、このことが朝高にバレてしまった。

「お前は何をやっていたんだ」ときつく叱責したのは、先輩のドンギュウだった。

ミョンシクは、夕立がやって来ると近所の洗濯ものまで一緒に取り込んでしまうのが日常という枝川の下町で育ったためか、極めて開放的で人懐こく、組織やイデオロギーに縛られることを嫌う反骨の気質に溢れていた。集団においても親分肌で情が厚い。対して、まだ幼いうちから旧満州、福岡、滋賀、東京と流転を繰り返して来た苦労人のドンギュウは、ストイックで誠実な人柄によって周囲の人望を集めるタイプだった。温厚でめったに声を荒らげたりはしないが、口を開けば言うこと全てに筋が通っている人格者で、サッカー部の新キャプテンとなると同時に生徒会の会長にあたる学生委員長に就いていた。同胞学生たちに祖国北朝鮮への忠誠を誓わせ、強い民族心を説くことがこの立場に就くものの責務だった。ピッチの上だけでなく、普段の生活でも信頼関係の強いドンギュウとミョンシクだったが、民団主催の大会に出場したことを知ってしまっては看過できなかった。「試合に出たい気持ちは分かるが、勝手なことをするな。お前も朝高のセンターフォワードとしての自覚を持たないとだめだ」

サッカー部の先輩であり、誰よりも真面目で勤勉なドンギュウに説教をされては謝るしかなかった。

しかし、優秀な選手には民族、国籍を問わず、オファーが殺到するものだ。しばらくするとまたも違った先輩から大会出場の誘いが来た。今度は大阪の真田山《さなだやま》のサッカー場で行う試合で、助っ人に来てくれるなら旅費も宿泊費も出すという。ミョンシクは再びスパイクを持って出かけていった。それは大阪・鶴橋の在日集落に多く住む済州島出身者の地域対抗の大会だった。朝鮮半島出身者対済州島出身者ではない。済州島内の出身地域ごとに分かれてのトーナメントであった。日本ではまだまだサッカーがマイナースポーツであった時代、在日社会においていかに盛んにこの競技が行われていたかが理解できる。ミョンシクは大いに活躍し、その日は大阪で柔道場を経営している同胞の家に泊めてもらった。大阪で行われた大会だったので知られることは無いだろうと思って東京へ戻った。しかし、やはり面が割れていた。「キム・ミョンシクが南の主催する大会に出ていた」。総聯の大阪体育連合会から東京朝高に連絡が入っていた。「まったくお前は……」。またも真面目なドンギュウに絞られた。

性格においては対照的だが、それでもお互いを認め合っていたミョンシクとドンギュウは、それぞれに日本の大学へ進学してサッカーをプレーする道を選んで行った。

一学年上のドンギュウはアルバイトで生計を立てながら、サッカー部と学生委員長の活動も両立させ、さらにこつこつと上野高校の定時制に通って日本の大学の受験資格を取得した。

ドンギュウが目指したのは超難関の国立一期校（当時）、東京教育大学（現筑波大学）だった。日本の学校と朝鮮学校の授業のカリキュラムが今以上に異なっていた時代である。歴史も地理もまったくの独学で勉強をし直す必要があった。それだけでも大きなハンディであるが、国立であれば入試科目が五教科八科目と多く、さらに東京教育大は教師を志す者にとっては最高峰の大学であり、日本全国の優秀な学生たちとの受験競争に打ち勝たねばならなかった。

それでもドンギュウはこの難業をやり遂げた。寝る間を惜しんでの猛勉強が功を奏し、ついに合格の報せを受け取ったのである。入学と同時にサッカー部に入部届を出した。受け入れた教育大の上級生たちもこの快挙には驚いていた。

四年生でマネージャーを務めていた森岡理右《もりおかりう》（卒業後に東京タイムズ社、ベースボール・マガジン社で記者、退社後筑波大学蹴球部部長）はドンギュウを見つけると駆け寄った。「日本の学校に通った学生でも難しくて浪人するのに、お前よく現役で入試に通ったな」。森岡の立場からすれば、才能のある高校サッカーの選手を見つけては教育大に勧誘することが仕事でもあるのだが、「天は二物を与えず」の言葉通りプレーはすごくても入学に必要な学力が足らず、他大学に行かれてしまうケースが往々にしてあった。二年前の東京都代表である朝高の主力選手だったリ・ドンギュウの迫力あるプレーは当然知っていて高く評価もしていたが、よもや一般入試を突破して入学してくるとは予想だにしていなかったのだ。

「八科目あったが、どの科目が難しかった？」

ドンギュウは答えた。「日本の古典、漢文を覚えるのが大変でした」

「そりゃあそうだな。あれは日本人でも難しいんだぞ。それにしてもよく頑張ったな」

苦学生でありながら、人一倍の努力をした賜物だった。普段は物静かで知性を感じさせるドンギュウだが、一度スパイクを履いてピッチに立つと豹変《ひょうへん》した。誰よりも走り、技術も運動量も他を圧していた。入学早々、一年生ながら関東一部リーグの名門校のレギュラー入りを即座に果たした。

森岡は当時のドンギュウのプレーをこう回想している。「ポジションは今でいうボランチだったんだが、入部してくるなりそのテクニックはすでに上級生を圧倒していて、他の選手よりも頭一つどころか、頭二つ抜けていた。運動量もスピードも両方あって、献身的なハードワークも厭わない。今の選手のタイプで言えば、ポジションは違うが、日本代表の長友佑都《ながともゆうと》だろうか」。レギュラーに抜擢《ばってき》されると、第五回全国大学サッカー選手権大会の優勝に大きく貢献する。決勝の相手は、メルボルン、東京、メキシコとオリンピックに三大会出場することになる八重樫茂生《やえがししげお》を筆頭に杉本、轡田《くつわだ》、伊藤といった豪華メンバーを擁する早稲田大学であったが、2対1で勝利した。蹴球部内ではドンギュウはもはや別格という評価を勝ち得ていた。

一方、ミョンシクは一年遅れて中央大学に入学した。公式試合から遠ざかってはいたものの、高校時代には「助っ人」として声がかかった大会に出てはゴールを量産していたストライカーである。やはり一年生からレギュラーとなり、大学サッカー界屈指のテクニシャン「中大の金」として名を馳せた。一九五八年一月七日、前年には教育大が覇権を握った全国大学サッカー選手権を今度はミョンシクの中大が制した。決勝の相手は明治大学であったが、中大は終始ゲームの主導権を握り、3対0で圧勝した。ミョンシクは一年生ながらこの試合で先制点をたたき出している。当時の試合の様子を『東京中日新聞』の松原明記者はこのように伝えている。

「中大の伊藤、金の両新人はリスのようにすばしこく動き、またカンも良い好選手だが、この二人がこの日も話題をさらってしまった。まず3分金は萩原から通ったセンターリングをワン・トラップでクリーン・シュートして先制点をあげたが、このときの動きやフットワークは実に見事なもの」

躍動している情景が生き生きと伝わってくる文章である。

ドンギュウとミョンシク、東京朝高出身の二人の選手はくしくもルーキーイヤーでそれぞれの学校を優勝に導くという偉業をやってのけた。そしてその存在感は上級生になるにつれてますます大きくなっていった。

教育大の救世主

一九五九年三月一〇日のことである。広島・舟入《ふないり》高校三年生の今西和男《いまにしかずお》は東京教育大学からの合格通知を受け取った。ほぼ同時にサッカー部のマネージャーから「うちに入部する気があるのなら、合宿をやるから二一日までに甲府に出て来い」という連絡をもらう。当時の教育大は新学期前に山梨県の銀星館という旅館に集まって春季強化合宿を行っていて、新入生にも声をかけていた。受験勉強からようやく解放された今西はボールが蹴りたくてたまらず、すぐに山梨に向かった。元は柔道部に所属しており、サッカーを始めたのが高校二年生からという今西は、人間の神経系統が柔軟で最も技術が伸びるゴールデンエイジ（一〇～一二歳）のころにボールを触っておらず、自分でもテクニックが無いことは分かっていた。四歳のときに被爆した左足にはケロイドが残り、動きも不自由であった。しかし、そんなハンディを吹き飛ばすように、ディフェンスでは必ず身体を張り、足の皮膚が剝《む》けるような果敢なスライディングも厭わなかった。銀星館の合宿ではアキレス腱や膝を何度削られようが、立ち向かっていった。そんな新入生に声をかけてきた四年生の先輩がいた。「おい、今西、ちょっとボールを持って来い」。息を切らして駆けつけると続けて言った。

「君にはすごい勇気がある。それはサッカーをする上でとても大事なことだ。でも勇気だけではサッカーはできない。トラップとボールコントロールの技術を身に付けろ。それが大切だ」。それからマン・ツー・マンで今西に指導を施してくれた。ボールの発音がポールと聞こえた。

この朝鮮なまりの人物がドンギュウだった。

後にJリーグ発足後、サンフレッチェ広島で日本初のプロサッカーチームのGM職を確立させることになる今西は感慨深く回顧する。

「それまで田舎にいたから、大学に入って初めてサッカーについての専門的な指導を、それも最上級生から受けて嬉しかったね。全て納得のいくコーチングで、この先輩に学べば自分が選手としてこれからもっと成長できるぞ、という実感が湧いたわけです。ドンギュウさんは間違いなく自分のサッカー人生で最も影響を受けた人物の一人ですね。素晴らしいリーダーシップだった」

入学前に指導を受けた今西は合宿後に一度帰省をし、再び上京した。ドンギュウとの再会を楽しみにしていた。ところが、四月になるとその姿は教育大の幡ヶ谷《はたがや》グラウンドにはなかった。大学最後のシーズンを前に肺結核を病んで入院してしまっていたのだ。今西は愕然とする。

ドンギュウは大学生になっても仕送りをあてにせず、住み込みで東京朝高の舎監をしながら、家庭教師や肉体労働のアルバイトに明け暮れていた。教育大の学生には将来、教員になった際に返還するということで育成奨学金が毎月二〇〇〇円貸与されていたのだが、その対象は日本人学生に限られていた。森岡をはじめとするサッカー部の先輩たちが何度も学生課に掛け合ったが、埒《らち》が明かなかった。授業と練習以外に、休むことのできないハードなアルバイト、そこに母校東京朝高での指導も加わって、ついには過労と栄養不足から発症してしまったのである。長期の安静療養が必要とされる病気である。ドンギュウは担ぎ込まれた西新井《にしあらい》病院でいつ終わるとも知れぬ入院生活に入った。

今西が入学した年の教育大は八月の山中湖岳東寮での合宿が台風に直撃されてしまい、絶対的な練習量が足らなかった。その影響をもろに受けた三年前の大学チャンピオンは大学選手権どころか、リーグ戦でさえ大変な苦戦を強いられていた。八校対抗で行われていた関東大学一部リーグの中で下位五校に同率で並んでしまい、最下位を決める負け残りでのトーナメントに出場しなくてはならなくなったのである。一八九六年に東京高等師範学校フートボール部として創部されて以来、一度も経験したことの無い二部降格の大きな危機である。レギュラーメンバーは今西と彼の同期の坂田信久（後に東京ヴェルディ1969社長）など下級生が多かった。名門であるがゆえに、ＯＢも心配して応援に駆けつける。若い選手たちにとってはこれがまたプレッシャーとなって連敗を重ねるという悪循環に陥ってしまった。ついには最下位決定戦にまで落ちてしまった。もう後は無い。一敗すれば初の降格という不名誉な記録を残してしまう。最後の相手は法政大であった。当時の法政大には大原という二人の有名な選手がいた。西宮の高校選手権で東京朝高と戦った仙台育英高出身のあの在日の兄弟である。事前の予想ではこの大原兄弟を擁する法政大が教育大を圧倒するだろうと言われていた。

危機感を覚えた教育大の選手たちは「もうこうなったらリ・ドンギュウに出てもらうしかない」と口々に言い合った。一年生でフルバックのポジションに名を連ねていた坂田はそれを聞いて、リとは誰かと訝しがっていた。坂田は今西が参加した三月の合宿には出ていなかったので、面識が無かった。しかし、先輩に聞けば肺結核で半年も入院しているという。そんな選手をいきなり出場させるというのはあまりに無謀に思えた。当然であろう。病気はまだ治っていないのだ。サッカーのプレーどころか、下手をすれば生命の危険すらある。それでもチームメイトの訴えを聞いたドンギュウは病院を抜け出してやってきた。今西はこのときのドンギュウの言葉を今でも忘れられない。「『俺は教育大には世話になった。これに出場して死んでもいい』と言ってくれた。あの一言でチームは一丸となった」

ドンギュウの同級生には後に大阪商業大学の監督となり、同大学を関西大学リーグ一八回の優勝に導く上田亮三郎《うえだりょうざぶろう》（元全日本大学サッカー連盟顧問）がいて、親友の契りを結んでいた。上田も言う。「あいつはあのとき結核を患っていましたが、実は足も故障していたんです。それでも病院のベッドから出て来た身体で九〇分のあたまから出場しよったんです」

試合は事前の下馬評通り、教育大は法政大に終始押され続けた。何度もゴールを割られそうになったが、最終ラインを固める若い選手たちが粘り強くクリアして凌《しの》いだ。今西は不自由な左足を気取られることなく厳しく大原に食い下がり、マークを外さない。混戦から決められたかに見えたゴールライン上のボールも、坂田が頭から突っ込んでヘディングでかき出した。教育大の攻めは唯一ボールが収まるドンギュウのところからの展開であった。坂田は初めて見る先輩のプレーに驚いていた。「身体の軸がしっかりしていて重心が低い。だからすごくキープ力がある。あんなに上手い選手をそれまで見たことがなかった」

0対0のまま迎えた終了間際だった。パス交換の後、ドリブルで駆け上がった坂田がペナルティエリア内で倒された。笛が鳴った。PKを蹴るのは数時間前まで病院にいたエースだった。

誰もが緊張する場面だが、ドンギュウには不思議と余裕があり、法政大のGKがまだ経験の少ない三年生であったことを冷静に思い出していた。ボールを置く前に表情を見ると、真っ青な顔をしている。そこでにやりと笑いかけた。GKはますます堅い表情になった。ゴール前で金縛りに遭ったように動かない。心理戦に引きずり込み、勝利をたぐりよせた。あとはゴールの左隅に正確に転がすだけでよかった。肺結核で入院中の患者は見事に決勝点を決め、不名誉な二部降格を阻止した。試合場所は東大御殿下グラウンド。約四〇年後に在日サッカー選手の後輩にあたる安英学が浪人中にトレーニングを積む場所である。教育大はやがて筑波大へと変遷を遂げるが、蹴球部の一〇〇年の歴史をまとめた年史『茗溪サッカー百年』が一九九六年に発刊されると、そこには太田鉄男監督、瀬戸哲キャプテンの筆で二ヶ所に亘《わた》り「救世主」という表現でリ・ドンギュウの名前が紹介されている。

帰国船

一九五九年一二月より在日朝鮮人の北朝鮮への帰還事業が始まった。在日の九〇％以上が朝鮮半島の南の出身である。高度経済発展で沸く日本からまだ見たこともない北朝鮮へ出て行くというこのエクソダスは一九八四年まで行われ、九万三三四〇人が縁者のいない北朝鮮に〝帰国〟させられている。今では帰国した人々が独裁政権による不当な迫害を受けたり、強制収容所に入れられるなどして突如消息を絶ったりしたことも明らかになっている。しかし、当初、北朝鮮政府、日本政府、赤十字が推し進めたこの永住帰国運動は差別の厳しい日本から、生活保障のある「地上の楽園」へ移住する人道的事業として日本及び在日社会では捉えられていた。ドンギュウは教育大を卒業後、しばらくは東京朝高の体育講師などをしていたが、この帰国船に乗って帰ることを決意する。一九六〇年一〇月の船であった。

なぜ、帰国するのか。教育大のチームメイトや先輩たちは敢えて多くを聞かなかった。それでも彼らは母校の恩人のために最後の贈り物をしようと奔走した。

同期の上田はキャプテンであった瀬戸哲（当時島原商高教諭）を誘ってドンギュウと三人で山中湖、小田原を旅した。この地は教育大の合宿地であった。山中湖での思い出は練習以外でも尽きない。新宿から流れてきたチンピラが若いアベックを冷やかしていたのを、上田とドンギュウがすごんで止《や》めさせたこともあった。大学卒業時に幡ヶ谷の同じアパートの隣に住んでいた安藤組（東《あずま》興業、社長安藤昇《あんどうのぼる》）の組員から「うちの世界でもやっていけるから」とスカウトされたという強面の上田とドンギュウが睨《にら》む迫力は満点だった。三人はしばし並んで思い出の地を散策し、別れを惜しんだ。

大商大の黄金期を築き、大学サッカー界きっての名将と謳《うた》われた上田は言う。「あのとき、何で国に帰るんや、なんて私も聞きませんでしたし、彼も多くを語りませんでした。ただ、今でも本当の親友やと思っています。チームのためには誰よりも熱く戦い、それでいて折り目正しく、人に優しい。私は彼に男として惚れていました。もしも日本に残っていたら素晴らしい指導者になっとったでしょうね」。上田は山中湖で三人で撮った旅行の写真を今でも大切に保管している。

教育大卒業後、東京タイムズ社で相撲担当記者をしていた森岡は送別会を企画する。ドンギュウがまだ食べたことのないものをご馳走してやろうと考え、角界への顔の広さを利用して両国のちゃんこ料理屋を手配し、教育大のＯＢも招いて盛大に催した。店を出てから両国橋の袂《たもと》で散会となった。別れ際に森岡はこんな会話をしたことを覚えている。「おい、リ、国に帰っても日本語を忘れるなよ」「分かりました」。森岡は今、こう振り返る。「外国語を知っているということは何かにつけ彼を助けることになると思っていたんです。まあ、当時は二、三年でまた会えると思っていたのですが……」

現在も帰国者が日本に渡る自由は無い。また法政大のレギュラーとして活躍した大原兄弟もドンギュウの後を追うように帰国しているが、消息を絶ったとも言われている。

主体思想の通信教育

ミョンシクは中大のストライカーとして不動の地位を築き三年時、四年時と全国選手権を連覇した。しかし、いかにスーパーなパフォーマンスを見せつけても、当時は朝鮮籍の学生を入社させる実業団チームはなかった。卒業後は神奈川朝鮮中級学校で教師をしながら、幻の日本最強チームと言われた在日朝鮮蹴球団に入団する。八幡《やはた》製鉄、東洋工業、古河《ふるかわ》電工、三菱重工、読売クラブなど、日本リーグの強豪チームと渡り合ってはゴールを決めていった。その名前は大学時代から広く知れ渡っていたが、そんなミョンシクも一時は北朝鮮に帰国しようかと考えたことがあった。

生活している枝川集落からも多くの同胞が帰っていった。有名なのは第二次世界大戦前からテノール歌手として一世を風靡《ふうび》していた永田《ながた》紘次郎《げんじろう》こと金永吉《キムヨンギル》である。黒縁めがねをかけた永田を枝川の町でミョンシクもよく見かけていた。永田は一九六〇年の第六次帰国船で日本人の妻と一緒に北に渡ったが、その後、消息を絶った（一説には朝鮮労働党幹部の前でイタリア歌曲「オー・ソレ・ミーオ」を歌ったために資本主義者として批判されて粛清されたとも言われていたが、後に一九八五年に自宅で亡くなったことが確認されている）。

ミョンシクにとって蹴球団でのプレーはもちろんやりがいもあり、誇りも感じていたが、就職差別や将来のことを考えると不安もまた頭を過《よぎ》った。自分も北朝鮮に渡って新しい生活にかけてみようかという思いに囚われた。

これに大反対したのが、母親だった。「お前がいなくなってしまっては、日本には女しか残らない。それでは家を継ぐ者がなくなる。絶対にだめだ」。母が引きとめたのには理由があった。母の母親つまりミョンシクの祖母は朝鮮にいたころ「この嫁は女しか産めない」という理由で嫁いだ家を追われてしまっていたのだ。その後、祖母と母は散々苦労しながら日本に渡って来たという経緯があった。そのときの記憶が蘇《よみがえ》ったのであろう。日本に残って家督を継げという母の厳命に従ってミョンシクは帰国を断念した。

その後、蹴球団ではキャプテンにもなり、チームを牽引した功績によって金日成主席からスポーツマイスターの称号を贈られた。ミョンシクらしいのはそのことを「俺はこんなものを欲しくてサッカーをやっているわけじゃないんだ」と仲間に漏らしてしまったことだ。

この発言が総聯の上層部に密告されて、罰として主体思想の通信教育を一年間受講することを義務付けられた。これにはげんなりした。総聯傘下にある在日朝鮮蹴球団では、サッカーの練習以外にも金日成の思想を学ぶ「学習」や試合後の「総括」の時間が設けられ、選手は参加を義務付けられていた。しかしミョンシクは常日頃、これらはサッカーのパフォーマンス向上とは関係が無いのではないかと言っていた。「民族学校のサッカー部、在日朝鮮蹴球団はその出自からもいろいろなものを背負っているから、在日同胞のプライドのためにも頑張ってプレーをしなくてはいけない。しかし、政治的な思想や国家主義と民族愛は違うのではないか。ましてやサッカーと関係のないことに時間を使って、それがコンディションに影響を及ぼすのは納得できなかった」

それでも、サッカーよりも政治が上に来る総聯の体質は変わらず、蹴球団がオール関西クラブとの試合に負けたときは、キャプテンとして日本のチームに負けた責任を取らされた。責任の取り方とは当時、狛江市にあった総聯の幹部養成機関に半年間入れられることだった。合宿形式で朝から晩まで座学でみっちりと行われる思想教育の授業のせいですっかり膝は固くなり、これが原因でミョンシクは現役の引退時期を早めてしまった。

一九七二年に母校東京朝鮮高校の監督に就任すると一六年間指揮を執り、習志野、帝京、静岡学園、島原商業、室蘭大谷といった日本の高校とも深い交流を結んで、高校サッカー界に大きな影響を与えた。各地の強豪校が強化のために手合わせを願い、ミョンシクの許に日参する、いわゆる「朝高詣《もう》で」が盛んに行われたのはこの時期である。

一九七二年には初めて祖国訪問のための「再入国許可」が法務省から下り、東京朝高サッカー部は横浜朝鮮初級学校音楽舞踊部と一緒に北朝鮮の首都平壌を訪問した。共和国が主催する体育祭に在日同胞が参加するというかたちのもので、生徒たちは現地の高校と四試合を行うことができた。一勝三敗と歯が立たなかったが、貴重な体験をすることができた。このときの訪問でミョンシクはドンギュウとの一二年ぶりの再会を果たす。勤勉なドンギュウは帰国後も学問の道を歩み、医科大学の夜間学部に入学しなおして六年かけて卒業。国立体育科学院研究所球技室に入室して世界のサッカー技術書を翻訳するなどして働いていた。

開けっぴろげなミョンシクのことなのでオフィシャルな場での歓談だけではない。朝高の監督ということであてがわれたベンツを自在に操り、夜半にドンギュウの住む団地を訪ねては心の底から旧交を温めた。

東京朝高が高校選手権全国大会に出場してから六〇年以上が経過した。

喜寿を迎えたキム・ミョンシクは、オーバー七五のチームに入って今でも現役選手としてボールを蹴り続けている。

リ・ドンギュウはテレビのサッカー解説者として北朝鮮では知らぬ者の無い存在として平壌

で活躍していたが、二〇一五年一二月、永眠した。息子も医大を卒業して、北朝鮮代表のチームドクターとして活動している。安英学も鄭大世も代表に合流すると必ず世話になった。

北朝鮮の人権状況を調査する国連の特別調査委員会（COI）は、二〇一四年二月に北朝鮮政府による半世紀以上にわたる「現代世界に類を見ない」最悪の人権侵害について報告し、改善に向けての勧告を出している。北朝鮮には「出身成分」という独特の階層制度が存在する。北朝鮮の政治的要素に基づいたものであるが、日本からの帰国者はその中でも資本主義に染まっていた者として下層に位置づけられた。出身成分が低いとどんなに努力しても出世はできず、常に監視や密告の対象にもなっているという。生活苦にグチをこぼせば、収容所に送られたり、貧しい辺境の地に飛ばされて病死したという事実が多く報告されている。そんな中でドンギュウは誰もが認める知性と努力で自分の地位を確保した。自身も親戚を帰国させ、何度も平壌との間を行き来しているある在日の商工人《サンゴンイン》（経営者）はこんなことを言った。「あの国は国外どころか、国内移動の自由も無い。帰国者に対する制度的な差別もある。そういう環境下でドンギュウさんはサッカーを通じて生き抜いた。最も成功した帰国者の一人だ」。教育大の友人や後輩たちはこの先輩の再びの来日を心から願っていたが、それは叶わなかった。

第五章　突破する詩人　理事長リ・ガンホン

現在の在日本朝鮮人蹴球協会の理事長について記したい。めったに表舞台に出てこない彼の活躍が無ければ、在日サッカー選手たちが華やかな脚光を浴びることも無かったかもしれないのである。リ・ガンホンは一九六三年五月一六日に神戸・春日野道《かすがのみち》の朝鮮人集落、通称チャンソン町に在日二世として生まれた。チャンソンは朝鮮語で商売を意味するチャンサから派生した言葉で、生田川《いくたがわ》の周辺で商いを営む朝鮮人たちのコミュニティを指してそう呼ばれるようになったと言われている。

ガンホンの家は父・ジョンイルが国鉄（当時）の高架下に造った家業のメリヤス工場内にあり、彼は幼少期を絶え間なく続く電車の振動と音の中で過ごした。両親はメリヤスの糸のヨリから服の編み物まで、根を詰める仕事を昼夜問わず続けて家族を養っていた。夜は最終の長い貨物列車が通過する深夜二時にようやく床に就き、明け方は五時の始発が出ると同時に起きて働いていた。

子ども心に記憶にあるのは、繊維関係の大きな取引先に父に連れられて行くときのことであった。「挨拶は朝鮮の言葉で言うたらあかん。それから〝リ〟という名前も出したらあかん」と釘《くぎ》を刺された。父は商売においても自分が朝鮮人であること、三人の息子を朝鮮学校に通わせていることを隠してはおらず、周囲の人々も出自を知ってはいたが、わざわざそれを子どもが日本人の組織の中で言うことはないという考えであった。差別の厳しい時代であった。

東神戸朝鮮初中級学校（当時）に進学したガンホンは当然のようにサッカーに出会う。当時のほとんどの民族学校がそうであったように、体育の授業も放課後の遊びも全てサッカーが中心に置かれていた。特にガンホンが三歳のとき、一九六六年に開催されたイングランドW杯で北朝鮮がイタリアを破ってアジア勢で初のベスト8に輝いたことは在日社会に大きな影響を及ぼしていた。私は、当時のことを振り返り「あのとき短波放送でW杯中継を聞いて熱狂し、朝鮮人にとって国技はサッカーという意識が爆発的に生まれた」と言う一世や二世の声を多く聞いた。ガンホンも他の子どもたちに交じって初級学校の低学年のころからボールを壁に向かって蹴り始めた。

試合デビューの機会は突然やって来た。三年生の冬休みに家にいると、サッカー部の練習に出かけたはずの兄が先生の車に乗せられて戻ってくるなり、言った。

「今日は区の大会やったんやけど、風邪で休んだ奴が多くて人数が足りてへんのや。お前、足も速いから試合に出ろ」

部活動は四年生からしか入部が認められず、ガンホンはまだその学年に達していなかったが、この日の大会に来た先輩部員の数が一一人に満たなかったことから急遽《きゅうきょ》、試合出場のお鉢が回って来たのである。相手は日本の小学校だった。ガンホンはブカブカのユニフォームを着せられて左のウイングのポジションにつくように言われた。敵も味方も皆、年上である。ただでさえ、この年代の体格差は一学年違うだけで埋めようもないくらい大きいが、それが三年生と六年生のギャップともなればもはや子どもと大人である。

部活動の練習にもまだ参加していない中、いきなり公式戦に放り込まれたことでガチガチに緊張していることを見透かしたのか、兄は「ええか、まずそこのスペースを埋めるために立っとけ。ボールが来たら前に蹴っとったらええから」とシンプルな指示を出してくれた。自分にやれることをやろうと無我夢中で走り回った。気が付けば大差を付けて勝利していた。当時はまだ野球の方が盛んであった日本の学校は、草サッカーが文化として根付いている朝鮮学校の敵ではなかった。

ガンホンは最年少で出場した試合での快勝に震えるほど感動し、ますますサッカーにのめり込んでいった。試合に出たことで、あいつはまだ小さいけどえらい根性があるという評判が伝わり、四年生になって正式に入部するとすぐに先発で使われ出した。まだ身長が一四五センチほどしかなかったが、七月の試合では混戦の中からこぼれてきたボールに勇気を振り絞って身体ごと飛び込み、スライディングシュートで初ゴールを決めた。ガンホンのサッカー人生はこうして始まった。

「チュック・コン」

ガンホンは画《え》の才能もあり、五年生のときに全国の民族学校の美術展覧会が迫ってくると、教師に「お前も水彩画で何か描いて出してみんか。ええ線行くと思うぞ」と出展を勧められた。ほんなら、練習の無いときに描いてみようと思い立ち、一ヶ月かけて仕上げたのは、やはりサッカーの画だった。北朝鮮代表のパク・ドゥイクがW杯のイタリア戦で決勝点を決めたときのシーンをモチーフに、子どもの選手がゴール前で同じようにジャンプしてヘディングしようとしている場面を描いた。特に本格的に画を学んだわけではないが、そこには何物にも勝る生き生きとした臨場感とこのスポーツに対する熱い思いが描写されていた。ガンホンの画は美術展覧会で大きく評価されて全国で三位にあたる銅賞に入賞する。

すでに関心の全てがサッカーにあった。父のジョンイルは自分が若いころにやんちゃをしていたこともあり、子どもの教育には大変に厳しかった。ガンホンは学校から帰ってくると必ず授業で使ったノートを提出させられた。そして書いてある文字が、少しでも歪《ゆが》んでいたり汚かったりすると容赦なく叱りつけては消しゴムで全て消してしまうのだ。

「何や、こんな汚い文字はあかん！　明日、休み時間に友だちに見せてもらって全部きれいな字で写し替えて来い！」

一度書いたものを再び書き直すその時間が無駄だと思うのだが、ガンホンたち兄弟にとって父は顔もまともに見られないほどに怖い存在だった。

毎日、必死になってノートを取った。父は口癖のように言った。

「朝鮮語はもちろんやが、漢字もきっちりと覚えろ、算数、金の計算もできるようにならんとあかん。お前、サッカーなんかやっててもそれでメシは食えんぞ。高校を出たらうちの工場で働くんやぞ」

夏休みになると学校に行かないですむから小遣いはその期間を利用して家業を手伝って自分で稼げと命じられた。メリヤスのほつれた糸をピンセットで縫い直すという仕事をして一回一円、一〇〇回で一〇〇円だった。

授業参観でも父は必ずわざと前の戸から入って来た。先生に挨拶した上で教室の後方に向かうのだ。そこでも大人しくしていない。ガンホンが集中していないと見るや、同級生の保護者もいる前でバンバン頭をたたきに来るのだ。あまりの怖さに兄弟で密《ひそ》かに「赤鬼」というあだ名をつけていた。

そんな父に生涯で一度だけ褒められたことがあった。六年生のときにクラスの卒業文集を出すことになり、そこにガンホンは朝鮮語で詩を書いた。タイトルは「チュック・コン」、サッカーボールという意味である。

チュック・コン
ぼくはもっと力をつけてサッカーを上手くなりたい
ぼくがもっとサッカーが上手くなってこのボールを北に蹴ったら、ピョンヤンにまで届くかな
ぼくがもっとサッカーが上手くなってこのボールを南に蹴ったら、ソウルにまで届くかな
ぼくがもっとサッカーが上手くなったらぼくのアボジの故郷の慶尚道まで届くかな
いつになればぼくも行けるかな
ボールなら自由に北にも南にも行けるのに
いつか祖国が統一した日に、韓国からボールを蹴ったら神戸に返って来れるかな

ザ・フォーク・クルセダーズがカヴァーした「イムジン河」を彷彿させるような詩「チュック・コン」は、初級学校六年生のガンホンのサッカー観があってこそ成立した。一九六五年に日本政府は日韓基本条約を締結し、韓国との国交を樹立、韓国政府を朝鮮半島における唯一の

合法政府として認めたために北朝鮮の孤立は深まり、南北分断は決定的となった。在日の海外渡航も、一歩日本の外に出れば再入国が許可されず、朝鮮籍の父は生まれ故郷の慶尚道に行っても帰ってくることができない。同じ民族が住む半島でありながら、自由に往還することができない悲哀。しかし、スポーツならば、サッカーならば国境を越えることができるのではないか。

赤鬼のように怖かった父が「チュック・コン」を読んだとき、生まれて初めて満面の笑みを見せてくれた。「お前、ようこんなの書いたな。先生が指導したんか?」「いや、先生は何もいうてくれへん。自分で考えたんや。ウリナラも韓国も兄弟や。それが離れ離れなんはおかしいやろ」「そうか。ようできてるわ。ようやった」。優しい目で褒めてくれた。

ガンホンの詩はいみじくも父の心象風景を表していたのであろう。しかし、そのときすでにジョンイルはガンに冒されていた。詩を読んだ一ヶ月後、ガンホンが中級学校の一年生になった四月に五〇代の若さで永眠する。

一二歳のガンホンに国際情勢や政治に対する認識がどの程度あったのかは不明であり、当時は在日朝鮮人にとって外国旅行を思い描くことすらできなかった時代である。しかし、やがて彼は現実にこの「チュック・コン」の夢を叶えて行くことになる。

在日朝鮮蹴球団

中級学校に進学後もすぐにレギュラーに起用された。ポジションはまた左のウイングであった。「俺、右利きやし、これやったらセンタリングが上げられへん」とキャプテンをしていた兄に言うと「左の練習せい。ペレも言うてるやろ。俺も右利きやったけど、左足も使えるようにしたて。足は二本あるんやから、両方蹴られるようにせんといかんのじゃ」

一九七〇年のメキシコW杯で活躍した神様ペレがそう言っていたのなら。素直に感動して以降、左足のキックの練習に励んだ。

中級学校三年生のときであった。ガンホンの進路を決定づける衝撃的な出来事が起こる。それまでただひたすら「上手くなりたい」という思いから部活動の練習に励んでいたが、Jリーグもまだ発足しておらず、サッカーによる将来を想像することはできなかった。せめてこのまま朝鮮高校でもプレーを続けて日本国内の試合で勝つくらいが目標で、卒業後は家のメリヤス工場を継ぐのだろうと漠然と考えていた。

衝撃を受けたのは一九六一年に朝鮮総聯の下で結成され、幻の日本最強チームと言われた在日朝鮮蹴球団の存在だった。

一九七七年、この蹴球団がスリランカに招待されて初めての国際試合を行ったのである。北朝鮮とスリランカの両国政府の関係が良好であったこともあるが、日本の法務省もこのときは在日の選手に再入国の許可を出したことで実現した。翌年、アウェイでの大会に前後して日本でも親善試合が行われることになり、スリランカ代表チームが来日して東京と神戸で試合が組まれた。このとき神戸の中央球技場（現ノエビアスタジアム神戸）で行われる試合の前に朝鮮中級学校の選抜チームと日本の神戸中学生選抜との一戦が前座として組み込まれ、ガンホンはこの朝鮮選抜の一員として参加する。相手の神戸選抜には後に御影《みかげ》工業を経てＪＳＬ（日本サッカーリーグ）の松下電器に進んで活躍する八木清悟がいたが、５対０で圧勝した。自分の試合が終わり、いよいよ蹴球団対スリランカ代表の一戦が始まる。蹴球団の試合を観るのはそのときが初めてだったが、ホイッスルが鳴り響いた瞬間からその内容に圧倒された。

中学生のガンホンは、スリランカがどこにある国かも知らない。しかし、サッカーは上手いに違いない。なぜなら目の前でプレーしている連中は皆、黒人である。神様ペレも黒人であるから、下手なはずがないのだ。しかし、そのスリランカ代表チームを蹴球団は屈強なフィジカルと華麗なテクニックで押し込んで行く。特に神戸朝高出身で在日サッカーにおける最高の選手と言われたキム・ガンホの動きは出色であった。相手が国家代表であるのに対し、北朝鮮側は日本で暮らす朝鮮人のクラブチーム。それでも明らかにボールを支配し、圧倒していた。結果は０対０のスコアレスドローに終わったが、ガンホンはこの試合を観たことで「俺はここに行くんや」と決意した。蹴球団は報酬ももらえるプロであり、しかも外国のチームと戦うことができる。それは世界と繋がることを意味する。日本社会の中で閉塞感に縛られていた日常から一気に夢が広がった。それまで家業を継ぐのが当たり前だろうと思っていたガンホンの未来に初めて明確な目標が設定された瞬間だった。

当時の在日コリアンがいかに日本社会から疎外されていたか。一例を挙げるとガンホンと同じ年齢である日本テコンドー協会の河明生会長は「在日二世の記憶」（集英社新書WEBコラム）でこんな言葉を残している。

――「一〇歳のころ、学校から東急池上線千鳥町駅に向かって歩いていると、同級生が思い詰めた表情で『ミョンセン（明生）、俺達、将来、何になれるのかな？』と聞くんです。私は『焼肉屋かなぁ、それとも金貸しかなぁ、もしかするとパチンコ屋かも知れないぞ。それから……』と絶句しました。それ以外の将来、朝鮮人がなれる職業が浮かばないんです。一〇歳でわずか三つしか将来の職業が浮かばないんですから悲しいですよね（笑）。だから勉強して一流大学に行こうとする意味がわかりませんでした。教師にもいわれていましたね。『朝鮮人はいわれのない差別を受けている。東京大学を出てもろくな仕事にはつけないからパチンコ屋で働いている。それならばいずれ統一された差別のない朝鮮に帰ろう！　朝鮮統一のため、朝鮮民族のため、一生を捧げよう』と。その指導者こそが偉大な金日成《キム・イルソン》だから命令を絶対視し、個人利己主義を捨て犠牲精神で祖国と民族のために一生を捧げろ、と叩き込まれましたよ。（略）こんな環境におかれていましたので、ケンカに強くなることしか道がありませんでした」――

ガンホンは帰宅するとすぐに母親に告げた。「俺は高校を卒業したら、蹴球団に入るからな。何か試合も毎年やっとうらしいんや。今まで知らんかったけど、これから全部観に行くことにしたから、調べといてくれ」。自分もサッカーで認められて蹴球団に入って全国を回ってああいう試合をしたい。以降、やんちゃな生活態度を改めて、サッカーのために良くない振る舞いはさけるようになった。

九月に在日朝鮮学生中央体育大会が終わると中級学校のサッカー部は引退したが、身体がなまらないようにそれからも日曜日になると兄のいる垂水《たるみ》の神戸朝鮮高級学校に行って特別に練習に参加させてもらった。三学期になると毎日通った。先輩も入学前から日参してくる中学生に目をかけてかわいがってくれた。そのかいもあり入学後はまたも即戦力ということですぐに試合に出してくれた。まだ体格差はあったが、ガンホンのポリシーは絶対に走り負けしないということだったので、試合中は決して歩かなかった。そして練習も休むことなく人一倍こなした。朝は五時半に家を出て朝練をするのだが、これが神戸朝高の伝統で、垂水駅から学校までの道の途中にある一五〇段の階段を多いときは一五往復するというハードなものだった。キャプテンが「今日は五五五」と言うと、一段ずつ駆け上がるのをまず五往復、次に一段飛ばしで五往復、ラストに二段飛ばしで五往復するメニューを意味した。「三三三」あるいは「三三三」という日もあったが、「五五五」のときは間違いなく胃の中のものを全部もどした。

朝練が終わると授業時間は睡眠にあてて体力を回復させ、夕方の練習に備えた。午後でボールを使った練習のあとに垂水の山から舞子《まいこ》の海まで行って帰ってくるという一〇キロのランニングを連日行っていた。最後は膝ががくがくと痙攣《けいれん》し、動けなくなるが、それでも半年もこの練習を毎日続けていくと身体が慣れてきた。どんな学校と試合をしてもまず技術以前に体力で負けなかった。

この時代は喧嘩《けんか》が強くてサッカーが上手いこと、それが男として認められる二大要素だった。喧嘩もよくやった。同級生にはガンホンも含めて四人、猛者がいた。誰が一番かを決めるために月に一度、総当たりのリーグ戦が行われていた。素手で三分間の殴り合い、シバき合いだった。中に初級時代からすでに身長が一七〇センチを超える剛の者がいた。何度やってもそいつにはなかなか勝てず、しまいには三人でつるんで戦って勝った。後味があまり良くなかったので後で「悪かったのう」と謝ると、相手は「いや、ほんでもそれに負けたんは俺や」と潔かった。やがて、神戸の日本人の不良の間にも朝鮮学校のリ・ガンホンの名前は鳴りひびいていく。同じ垂水駅を使う八代《やしろ》学院とのバトルは数々の伝説を残した。昭和五五年五月二五日付の神戸新聞はこんな見出しをつけている。「高校生200人　ホームで暴れる」。記事は二四日午後国鉄垂水駅のホームで八代学院の男子生徒約二〇〇人がホームで電車を待っていた神戸朝鮮高級学校の生徒一〇人をめがけて殴りこんだという事件を伝えている。暴徒は朝高生が逃げ込んだ駅の詰め所の窓ガラスを鉄パイプで叩き割っている。練習中にこの事件を聞いたガンホンは飛び出しかけたが、ちょうど八代の教員が生徒とともに謝罪に訪れたために事無きをえた。サッカーのためにやんちゃは控えるようにしていたが、仲間がやられると黙ってはいなかった。

蹴球団には、毎年、年末になると見込みのありそうな朝高生を東京に呼んで指導するという制度があったが、ガンホンは努力のかいあって一年生のときから招集された。足立区の花畑《はなはた》にある合宿所に行き年上の選手たちと寝起きを共にし、提供される肉をガンガン食べてハードな練習をしていると、身体ができていくのが自分でも分かった。

卒業を目前に控えた三年時の年末であった。この年、御影工業が兵庫県代表として高校選手権の全国大会に行くことになっていた。ガンホンがキャプテンになっていた神戸朝高は予選で御影工業には勝っていたが、文部省（当時）の認める一条校ではないという理由から、全国大会には出場できなかったのである（朝高が全国高校選手権の出場資格を認められるのは一九九六年からである）。当然、悔しさはあったが、「お前らほんまは兵庫で二位やけどな。まあ全国で頑張って来いや」と握手を交《か》わしていた。その御影工業が大会前に朝高と親善試合をすることになった。全国の強豪との戦いを前に強いチームとやって強化を図るという意図であろう。すでに朝高は三年生が引退していて二年生のチームになっていたが、練習を継続していたガンホンは駆り出されて先発メンバーに名を連ねた。結成後間もない新チームに対して、相手は高校最後の年の公式戦に向けて調整してきた兵庫の代表チームである。モチベーションからしても不利であった。

試合開始前にガンホンが会場となっている王子競技場のトイレに用を足しに行くと、蹴球団の監督のキム・ミョンヘンがいた。兵庫教員選抜との試合のために来ていたのである。ミョンヘンは手を洗いながら、世間話でもするような口調で言った。「蹴球団でお前を呼ぶから。卒業したら、四月から一緒の釜の飯や」

それが直接のオファーだった。「やった！」。中級学校三年生のときから追い求めていた夢が叶った。燃えないはずがなかった。ガンホンはこの試合でハットトリックを決めてしまう。またしても大勝であった。

ガンホン伝説

一九八二年三月、ガンホンは高校を卒業すると同時に蹴球団に入団するために上京する。荷物は当時流行《はや》っていたマジソンスクエアガーデンのバッグひとつだけ。中には下着とトレーニングウエア、スパイクとアップシューズが入っていた。服装はと言えば、すでに卒業したにもかかわらず自分なりの正装として律儀に学ランを着こんでいた。裏地には竜の文様と「神戸朝鮮高級学校蹴球部主将李康弘」の文字が刺繍《ししゅう》で施されている。高校に入学した際に元町《もとまち》のナカムラ屋で買ったものだ。学ランを仕立ててくれるテーラーはいくつもあったが、ナカムラ屋はハングルの刺繍が上手いということで朝高生の間で人気が高かったのである。

精一杯の気合を込めて新幹線に飛び乗ったが、一人で大阪へ行ったことも無かったガンホンにとっては初めての大旅行だった。東京に着いても土地勘がまったく無いので、通行人に聞きながらようやく蹴球団の事務所のある文京区白山《はくさん》の朝鮮出版会館にたどりついた。オフィスに学生服で入って行くと職員に思い切り笑われた。

団長と監督は言った。「何やお前、その格好は！　ほんで荷物はたったそれだけか？」「はい。ジャージもスパイクもありますし、いったい他に何がいるんですか。前に会ったときは、身体ひとつで来たらメシを食わせてやる、と言っていたじゃないですか」。俺は遊びに来たんやない、大真面目な顔で言い返した。

「そうやったな。いや、悪かった。今から合宿所に行こう」。実際、裸一貫で出てきたガンホンは母親が持たせてくれた虎の子の五万円しか手元に無かった。それも生活用品を買うとあっという間に無くなってしまったが、合宿所に入ればとりあえず食事に困ることはない。あとは目標にしていた蹴球団で頑張るだけだった。

蹴球団の選手は、総聯系の企業や後援会の会社に籍を置いて給料をもらいながら、実質的なプロとしてトレーニングを続けて試合をこなしていく。合宿所では六時に北朝鮮国歌が流れて起床、七時から朝礼というスケジュールであったが、新人は汗をかいてからこの朝礼に出なくてはいけないという不文律があった。まず四キロ走って筋トレをするのである。ここで生まれて初めてバーベルを上げた。集団生活は最初は厳しかったが、馴染むのにそれほど時間はかからなかった。練習に励みながら、やがてレギュラーとしての地位を固めていく。ガンホンはサッカーに対しては真剣で、後輩に対する面倒見もそこまでするのかという位、徹底的に世話をする。一方でやんちゃな性格はそのままであった。現役時代のガンホンの豪傑伝説には事欠かない。

試合の後に選手たちと飲んでいるときにグラスが落ちて割れた。ケガをしないように同僚が片付けようとすると、「おい！　お前ら拾うな」。砕けたグラスを持ち上げると「お前らよう見とけ、これが気合じゃ」。言うや否や、ギザギザに割れたガラスの破片を全部口に含んで、ガリッと噛み砕いた。さらにバキバキ噛むと口の中が真っ赤に染まり、血がタラーッと垂れて来た。「これが気合じゃ！」

合宿所にいる後輩たちのところに「銀座で飲んどるから迎えに来い」という電話が入る。

「えっ、銀座のどこですか?」と聞き返すころにはもう切れている。必死になって心当たりのある場所を手分けして捜し出し、ようやく駆けつけるとひと言。「遅いやないか!」

それでいて仲間のもめ事があるとすっ飛んで行っては相手がヤクザだろうが、半グレであろうが、身体を張って仲裁に入った。ガンホンの年に同期の選手はいなかったが、年上も年下も、選手たちはその存在に一目置くようになっていった。

第二の人生

かつて中級学校三年生のガンホンがそうであったように、在日のサッカー少年たちにとって蹴球団は憧れの存在であった。公式戦には出場できなかったものの、親善試合や、大会前に胸を借りに来るテストマッチでは日本リーグの強豪を相手に好勝負を展開し、かなりの高勝率を誇った。在日朝鮮人にとって蹴球団は民族的矜持を保つアイデンティティーの一部とさえ言えた。しかし、一九八〇年代の終盤に差し掛かると日本最強と言われたその蹴球団の実力が緩やかに下降していっていることをガンホンは肌で感じていた。九〇年に現役を引退してコーチになるとその傾向は更に顕著になっていった。かつては負けることのなかった読売クラブにも後輩たちは苦戦を強いられるようになった。

「何でやろう?」。育成現場に問題があるのではないかと思ったガンホンは、それまでも下部指導ということで地方の民族学校などにコーチに通っていたが、「次は長期で送ってくれ」と頼んで二、三ヶ月の長いタームで学校に泊まり込んで原因を探った。

「朝鮮学校は小中高とストレートで進学していくにもかかわらず、一番大事な育成世代のコーチングがぶつ切りになっている。各都道府県での体系的な技術指導のピラミッドができておらん。一貫して教えていくシステムが確立されてないんや」。朝鮮学校に通う児童・生徒数の減少に伴い教えることのできる先生の数も減って来た。在日本朝鮮人蹴球協会という組織が一九六〇年二月に愛知県で立ち上がり、やがて蹴球団がその協会技術部の役割を担うということになって、全国に指導に行っていたが、時代は変わり、蹴球団に入る若い人材も不足してきた。これでは対して日本のサッカー界はプロ化に向けての動きが始まり、競技人口も増えてきた。これでは在日サッカー界は相対的に弱体化してしまう。

そして制度的なもののほかにもうひとつ、大きな要因があることを自分の経験から看破していた。「日本代表はドーハの悲劇でアメリカ大会に行けなかったけれども、そこから日本の子どもたちは自分たちの未来にW杯があることを確信して頑張り出した。自分もプロになって、日本代表になって、W杯に行く、と。でも在日の子どもたちにはそれが無い。在日本朝鮮人蹴球協会は、選手がプロに行っても代表選出については本国に任せきりやないか。それではあかん。平壌との連携を深めていって代表をこちらから送り込むようにするんや。やっぱり子どもらに目標を設定させるならJリーグ、次に北朝鮮の代表になってW杯。どこまでの夢を見てるかによって子どもの器の大きさは変わってくる。子どもに遠くの夢を、世界を見せてあげることが大人の責任やないか。自分が小学生のころに夢を実現する手段は無かったが、それなら俺がそれを作ってやる」

ガンホンの第二の人生がここから始まった。

育成制度の確立

一九九五年に在日本朝鮮人蹴球協会の事務局長に就任すると新しい指導体制の整備に乗り出した。ゆるぎないシステムを確立しないと育成は無理である。そのためにも学校での指導の重要さを痛感していた。全国の民族学校の監督に指導者の勉強もさせたかったが、当時は日本サッカー協会においては在日の指導者はライセンスが取れなかった。北朝鮮のサッカー協会に問い合わせると、本国でFIFA（国際サッカー連盟）の指導講習を受けることができるのでそれに来たらどうかという回答が来た。参加すればAFC（アジアサッカー連盟）のライセンスが取得できるのだ。「本国はこういうことができるのか」

ガンホンが全国の高級学校の教員に働きかけると各地から一五人が集まった。平壌へ一緒に行き、FIFAが主催したFUTUROサッカー講習を受講させた。FUTUROとはポルトガル語で未来、まさに育成世代に向けた指導法の講習であった。

宿舎となっていた高麗《コリョ》ホテルでガンホンは言った。「ここで学んだことを踏まえて、我々独自の指導カリキュラムを作るんや。まだ朝鮮語で書かれた在日サッカーの教科書が無いやろ。お前ら皆、教員やないか、やればできる」

午前中は座学の講習で午後はグラウンドで実技。夜は食事をした後にラウンジに各自ノートを持参して集まり、講習教本の翻訳作業（英語から朝鮮語へ）が行われた。手書きで作られたこの技術書は五〇ページにものぼり、全国の在日の子どもたちに対する指導書の文字通り原本となった。

愛知朝高のサッカー部から参加していた同校監督のリ・テヨンは、この研修が楽しくて仕方がなかったと振り返る。テヨンは蹴球団の後輩である。「さすがはＦＩＦＡのコーチが教えてくれるだけあって受講した内容が本当に新鮮だったのですが、それと同時に全国の仲間と一緒に学べたことがすごく嬉しくて印象に残っています。あれに参加したことで指導に対するモチベーションが一気に高まりました」。ほとんどの参加者もテヨンと同意見だった。平壌でのＦＵＴＵＲＯサッカー講習参加のプロジェクトは大成功に終わった。

日本に戻ると、初めて作成された統一的な指導書を基にコーチングが始まった。ガンホンは初中級学校の選抜選手の強化を各都道府県単位で行うことを奨励し、そこに必ず朝高の監督が入るように求めた。日本サッカー協会のトレセンのようなシステムである。これで学校の卒業と同時に途絶えていた育成方針の継続が可能になった。バラバラだった全国の民族学校に学ぶ子どもたちに向けての育成方針を確立すると、次のミッションはW杯への道筋をつけることであった。明確な目標として、「北朝鮮のチームをW杯に出す、そしてそのピッチに在日の選手を立たせる」というものがあった。在日の選手が代表に入れば、子どもたちの夢は自然に生まれていくのだ。

在日朝鮮人の再入国が認められるようになってからは、蹴球団からも優秀な選手たちが何人か北朝鮮の代表に呼ばれてはいた。しかし、元東京朝鮮高級学校監督のキム・ミョンシクによれば「どちらかと言えば戦力としてというよりも、本国と朝鮮総聯との関係の中における政治的な意味合いも強く、客人扱いをされる」ことも少なくなかった。

総聯を通して文書だけを送っても本国のスポーツ関係者は現場を見てくれない。ならば直接入って行って本当の気持ちを伝えるしかない。

「人と人が会わないとだめだ」。ガンホンは何度も平壌に通い、密なコミュニケーションを図った。

「日本や韓国から見ても今の北朝鮮の置かれている立場は理解できない。それは相手の立場に立っていないからや。しかしそこに立って世界を見れば答えはおのずと出てくるはずや」。代表チームが海外遠征に行くときは「これを使え」と日本から持ち込んだテーピングを渡し、選手たちにマッサージも施した。共に食事をし、杯をかわしながら、北朝鮮のサッカー協会の人たちが何を好んで何を嫌がってどこを恐れるのかを理解していった。やがてガンホンは大きな信頼を勝ち得るに至る。

夢を叶えさせる

現在、朝鮮サッカー協会認定の唯一の選手代理人として、多くの在日サッカー選手のマネージメントをしている株式会社エボリューション代表のナム・テファは、ガンホンとの出会いをこう語る。

「僕は元々は貿易の仕事をしていて北朝鮮サッカー協会とのパイプが欲しかったんですが、何度アプローチしても埒が明かない。そうしたところ『日本でまずリ・ガンホンに会え』と本国でアドバイスを受けたんです。それで会ってみると強面で最初はすごく怖かったんです。でも話をすると『それはルートが間違っている』と言って、いきなり朝鮮スポーツ界の組織図を書いて説明し始めたんです。それがまた的確なんです。『まず体育省があって、それはイコール、オリンピック委員会でもあるわけや。体育省の傘下に各競技団体があって、そのひとつとしてサッカー協会がある。その横並びの部署の中に国際局というのがあって、全ての対外的な連絡はこの国際局を通してやることになっとる。なんでお前が担当者と話せないのかはそういうこと。直接サッカー協会に行って会おうとしても、それはムリなんや』って。すごく納得したのと、実は情だけでなく理知的な人なんだと思いましたね」。テファは以降、ガンホンのパートナーとして在日サッカー界を支えていくことになる。

ガンホンがアルビレックス新潟にいた安英学をいかにして北朝鮮代表に送り込み、その背中を押してチームに欠かせない存在として成長させていったかはすでに第一章で記しているので、ここでは川崎フロンターレに所属していた鄭大世（清水エスパルス）との交流について触れておきたい。

ガンホンはテセを、無名だった愛知朝鮮中高級学校時代から注目していた。愛知の指導者はＦＵＴＵＲＯの講習を一緒に平壌で受けた旧知のリ・テヨンであり、報告もよく受けていた。まだ動きは荒っぽいが、抜群の身体能力とゴール前の動物的な動きが図抜けている。ガンホンはテセにプロを意識させ、代表として育てたいと強く思っていた。

愛知朝高から朝鮮大学校に進学後に調べてみると、テセの外国人登録証には父親の国籍である韓国が自動的に記されているが、幼いころから民族教育を受けてきた本人は、北朝鮮代表でＷ杯に出場することが揺るぎない信念としてあるという。

ならばその夢を実現させてやりたいとガンホンは動き出した。

まだ学生であるテセに対していきなり在日本朝鮮人蹴球協会の人間としてアプローチをすることは避けて、まず大学側に、テセの外国人登録法（当時）上の国籍変更は可能なのかどうかを調べてくれるように頼んだ。朝鮮大学校の教授はすぐに日本の法務省に伺いを立ててくれた。外登法上の国籍を国籍とみなすという考えに基づいた大学教授らしい極めて真っ当な方法論であった。

しかし、回答は「ＮＯ」であった。韓国という日本と国交のある国の国籍から、日本政府が国として認めていない朝鮮籍（すなわち無国籍）に戻すことはできないという見解である。例外として、在日の人と結婚をした日本人が国籍離脱をして朝鮮籍を得るというのは過去にあったが、この学生の場合は違うという理由で拒まれ、そのままになっていた。

ガンホンが自ら動き出したのはテセが川崎フロンターレに入団して一年後、二〇〇七年であった。テセのために諦めたくはなかった。テファを呼んで話した。

「こいつの国籍、韓国なんやけど、代表になんとか送ってやりたい。お前どう思う？」

ガンホンは朝鮮学校選抜の監督としてオランダ遠征の経験があり、その際、ヨーロッパではパスポートを二つ、三つ持っている選手がかなりいて、どの国の代表になるのか自分の意志で決めているという実情を知っていた。税金さえ払えば二重国籍を認め移動も自由なヨーロッパと、日本と国交の無い北朝鮮の関係は背景からして異なるが、前例が無いことを理由に動かなければ進展も無い。何か糸口はあるはずだ。おおもとの原則はどうであるのか。FIFAに問い合わせた。すると国籍ではなく、北朝鮮のパスポートを持っていれば（かつ他国の代表経験が無ければ）、その場合は北朝鮮代表として登録できることが確認できた。それであれば日本の法務省に不可能と言われた国籍変更にこだわる必要は無くなり、パスポートさえあれば良いのだ。光が見えて来た。

次に考えたのは日本の法律であった。テセの外国人登録証には韓国と明記されているのに北朝鮮パスポートを取得するというのは、その登録証を無視することに繋がらないだろうか。北朝鮮バッシングが激しかったころである。ガンホンとテファが最も恐れたのは、在日がまた無法なことをやっていると周囲からたたかれ、テセの夢のサポートのつもりが逆に人生に悪影響を及ぼしてしまわないかということだった。弁護士にも相談して外登法、国籍法を徹底的に調べ上げた。ガンホンは振り返る。

「東京朝高サッカー部OBの弁護士がいて、彼に『同じ在日のサッカー選手の未来がかかってるんだから、カネ取るなよ』（笑）、と頼んで相談したら、全部文書を出して説明してくれました」

問題は無かった。このパスポートはFIFAに対する身分証明というものであり、それを使って日本に出入国するわけではないのだ。そもそも日本政府は北朝鮮を国と認めていないから、北朝鮮パスポートをパスポートと認めないのであった。

コンプライアンスは守られていると確信できた。

次の相手は朝鮮総聯であった。総聯の立場からすれば、韓国籍の選手にパスポートを出すことに対する懸念がある。サッカーの上手い選手には韓国籍でも北朝鮮のパスポートが出るという前例ができると、在日の朝鮮籍の選手が何かと利便性のある韓国籍に変えてしまおうとしないか。その上でサッカーをするときだけパスポートをもらう。そんな流れができるのならば到底容認されない。

ガンホンは総聯を説得にかかる。幸いだったのは、テセがまだ韓国のパスポートを持っていなかったことであった。

「テセはたまたまアボジ（父親）がそうであっただけで、彼本人が意図的に国籍を韓国に変えたわけではありません。朝鮮大学校まで出ていて、それでもウリナラの代表になれないというのは不幸ではないですか。こういう同胞に希望の道を築いてあげるのが、総聯という組織の仕事ではないのですか」。説得は成功する。

次はパスポートの発給元である本国への根回しであった。ガンホンは文書を出すだけではなく、直接平壌にも飛んだ。彼が文書を出す前に全てが通るように根回しするのだ。やると決心したことに関してはできないとは思わない。在日同胞にとって子どもの未来というのは最も重要なことである。特にサッカーはアイデンティティーや学校の問題にも結びつく。本国に対して重要なのはそれを政治的にも訴えないといけないということであった。ガンホンは朝鮮労働党の幹部に向かって滔々《とうとう》と説いた。

「このような背景を持った子にサッカーで希望を与えることが今後、在日同胞のより大きな希望となります。やがて日本の朝鮮総聯から上がってくるであろう、この鄭大世選手のパスポート取得の案件を、今度は政治の方から体育の方に向けてお墨付きを与えて欲しいのです」

幹部からの好感触を得て、ほっとしている最中に予期せぬ事態が持ち上がった。川崎フロンターレから、四月のＡＣＬ（アジア・チャンピオンズ・リーグ）の韓国遠征にテセを帯同させたいという連絡が入ったのである。まだ北朝鮮のパスポート取得の根回しを続けている最中であるが、せっかくのチームの要請を断れば、今度はテセのサッカー選手としてのチャンスが潰れてしまう。アスリートとしてレギュラーを勝ち取るために大事な時期であった。間に合わなければ、韓国パスポートを取得して渡航させることになるが、ここで韓国パスポートを取ってしまえば、今度は本国に対して続けている説得内容に矛盾が生じる。そのことで北朝鮮パスポートが取得できなくなれば代表にかける夢が潰《つい》えてしまう。

そこからガンホンとテファは、総聯と本国に対して北朝鮮パスポートの発給を急ぐように懇願すると同時に、韓国パスポートを取らずに韓国へ渡航する方法を探して関係機関を走り回った。

韓国が宥和《ゆうわ》的な対北政策を採っていた盧武鉉《ノムヒョン》政権時代だったことが幸いした。韓国大使館は特例として、パスポートを無くした自国民のために在外公館が発行する臨時旅券を発給してくれたのである。テファが何度も「これは韓国の正式なパスポートじゃないよね」と確認すると、職員はウインクして「臨時パスポートだから大丈夫」と言ってくれた。一度しか利用できないが、サッカーの試合ではそれで十分である。

そうこうする内に北朝鮮のパスポートが間に合った。この間、ガンホンとテファが一番神経を使ったのが、テセ本人の意志であった。何度も確認した。

「これで良いんだな？　もう後戻りはできないよ。ウリナラのパスポートを取って選手登録をしてしまったら、そのあとで日本代表や韓国代表になりたいと言っても、無理なんだからね」

その都度、テセはぶれない気持ちを返してきた。心変わりはなかった。

テセはACLの遠征に際して三つの書類を使い分けた。すなわち日本出入国の際には再入国許可証を使い、韓国に入国するときは臨時旅券を使い、ACLのID照会には北朝鮮パスポートで選手登録をしたのである。

北朝鮮代表としてのテセの気持ちの確認と選手登録が終われば、あとは早く国際試合に出場させてこれを既成事実化する必要があった。一番近い北朝鮮代表の試合に連れて行こうということで、東アジアサッカー選手権予選に出場させた。テセはマカオで行われた同大会三試合で8ゴールを決めて得点王になった。

時間が経ち、これらの舞台裏を知らないテセが調子に乗って、代表チームで浮きかけたことがあった。現代の日本に生まれ育った若い選手が社会主義国のチームに入れば大きなカルチャーギャップが生ずる。しかし、このままではテセ本人のキャリアにとっても良くない。ガンホンはこっそりと愛知朝高時代のテセの恩師リ・テヨンに連絡した。

「お前がちゃんと教育しとかんからや。交通費を出したるから一度川崎に来てテセにしっかり話せ」

テヨンは新幹線に飛び乗って教え子に会いに来て諭した。テセは全てが終わったあとに実はガンホンの根回しがあったことを聞くと、「自分のキャリアはあの人抜きには考えられない。やっぱり俺の知らないところで全部動いてくれていたんだな。感謝の言葉しかない」と発言している。

二〇一〇年、ガンホンが理事長就任後に奔走した努力が結実する。北朝鮮は南アフリカW杯に出場しそのピッチには安英学、鄭大世という二人の在日朝鮮人選手が立ち、梁勇基もチームに帯同していた。

選手たちも皆、自分たちの現在がある背景にガンホンの尽力があったことを知っている。ヨンハが感謝を込めて二〇一四年、ガンホンの五一歳の誕生日を赤坂の焼肉料理店で祝った。会場は蹴球団の後輩が経営している店だった。高価な肉をたらふく食べたあとにガンホンは後輩に言った。「ヨンハがご馳走してくれるんや。全部で三〇〇〇円にせい」

「在日の子どもたちに夢と目標を提供する」。ガンホンは大きな仕事を成し遂げた。それはかつて父が唯一褒めてくれた初級学校六年生のときに書いた詩「チュック・コン」を体現したものだった。

在日朝鮮蹴球協会理事長としてのリ・ガンホンインタビュー
「サッカーに反日を入れるのはナンセンス。二〇二〇年五輪開催地は東京に投票」

――在日の選手の育成強化について聞かせて下さい。まず、やはり時代とともに大きな変遷があったと思いますが。

「そうですね。ちょうどサッカーの在り方が変わって行くという意味では、八〇年代に現役を過ごした僕らのときが過渡期でしたね。それ以前は在日のサッカーというのは反日。サッカーだけは日本人に負けるな、というのがありました。当時、同胞たちの権利保障というものが無かった中で、サッカーだけでも日本人に勝てばその同胞たちが喜んでくれる、言い換えると、公正なルールの中で正当に戦える場というのがサッカーだったのです。しかし、二一世紀のこれからの在日の子どもたちは、日本社会で生きていく。だから堂々と日本に順応して生きていきなさい、ということです。サッカーのライバルとして『日本の学校に負けるな』というようなスローガン、これは良いと思います。ただそこに反日を入れてやるのはナンセンスだと。日本のルールを守りながら、堂々と日本で生きていくことが重要です。私たちは数少ない在日のアイデンティティーを持った人間だからこそ、しっかりと事実を学び、日本の良いものも学んでいくわけです。在日をスポーツの世界でも韓国とか朝鮮とかに区別することに、私たちは反対しているわけです。親とかパスポートの問題もあって複雑でしょうが、どこの国の代表を目指すのも自由、選択も自由だと思います。タブーでしたけど、イ・チュンソン（李忠成）みたいに日本の代表を目指す子がこれからも出る可能性があるでしょうし、もっと上手かったらブラジル代表になる可能性もあるでしょう。そこは個人の選択権だと思っています」

――二〇二〇年の東京オリンピック開催が決まりました。そこに向けての在日サッカーの強化というのはどのように考えていますか？

「東京開催が決まってからすぐの一〇月初頭の理事会で、七年計画、今年二〇一四年から言うと六年計画として、高校生を中心に中三までの四年幅の選手たちを二〇年世代として強化をしていこうということになりました」

――平壌政府は東京での五輪開催をどのように見ているのでしょうか?

「実は、二〇二〇年の開催国としてどこに投票するかを決める前に僕は平壌に行っていたんです。僕ら朝鮮の利益から考えたときも東京に反対する理由がない、だから朝鮮はスポーツとして考えて東京開催を推すべきじゃないか、と体育省に働きかけたんですよ。在日の子どもたちに夢を与える、これが祖国としてやるべき課題じゃないかと。平壌の体育省のトップクラスの人は理解してくれました。言いたい意味は分かる、と。日本とは国交がない問題、それと日本政府が行っている本国への制裁、これは許されるべきではないが、在日同胞の若い人たちにとって目標となり夢を与える大会に、私たちがノーと言うのはおかしいのではないか、と。それで本国は、理事長の言葉には一理も二理もあるし、東アジアですることを考えれば時差や経費や疲労度も小さいのだから、反対に日本を応援するべきじゃないか、ということになったわけです」

――北朝鮮が日本開催に一票を入れたのはガンホン理事長、すなわち在日の側からのプッシュがあったからでもあるんですね。

「そうですね。僕らは早かったですね。日本はトルコに負けるんじゃないかという予想があったときです。北朝鮮は勝ち馬に乗るという外交施策をよくやります。勝つ方に入れた方が後で利益になるわけですから。でもそれはナンセンスじゃないかと。自分らは一票を日本に入れたということで、もしトルコに負けたとしても、それは日本と朝鮮の関係改善の何らかの糸口になるんじゃないかと。在日としてはそれが嬉しいんです。敵国に向き合うためのスポーツじゃない。在日の子どもたちが朝鮮にないカテゴリーのスポーツの代表を目指すことができる。これは日本で生きながらも民族性を守っていく中で、教育としてものすごく大切な大事業じゃないかと思うんです。在日を守る手段としてスポーツがとらなきゃいけない行動である、って本国が言ってくれた。それだけで嬉しかったですね」

――梁勇基君の章で触れましたが、北朝鮮の影響下にある大阪朝鮮高校のコーチに韓国の指導者を呼んだ経緯は、どのようなものだったのでしょうか？

「トップは譲るなというのが、朝鮮学校にはあるんですね。日本の監督が朝高の監督になると、日本のチームになるでしょ。韓国の監督になると韓国のチームになるわけですよ。やっぱり魂を守れというのがあって、だからトップは譲るな、と。ただサッカー協会として、日本や韓国の良いものは受け入れないといけない。コーチを受け入れることに関しては、私は自分で言うのもおかしいけれど開けています。受け入れる派なんですよ。みんなは違うと思っているみたいなんですけど（笑）。逆にあの時期は南の方、民団の方からも指導者に圧力がかかっていると聞きました。朝鮮学校を指導すると韓国入国を拒否されて、帰られへんようになるぞ、とか。コーチについては私も直接面接して決めました。

私たちは日本サッカー協会みたいな大きい組織ではないですし、自分が現役から上がって来たからかも知れませんが、端的に言えば子どもらの応援団みたいなところがあるんです。北も南もなく、目指すものがあればなぜやらないんだと。その正当性があるならまずやってみて、理屈は後付けでもいいいんじゃないかと思うんです」

——在日の子どもたちの将来の可能性を広げるという意味では、安英学が代表に入ったのもそうだし、Kリーグに行ったのもそうですね。さらには、Kリーグでプレーした後も北朝鮮代表に再び招集された。過去では考えられないことですが。

「ヨンハがJリーグの次に（韓国Kリーグの）釜山アイパークに行くと言ったとき、私は最初は反対しました。南北間の問題は想像以上にデリケートで厳しいぞ、と。でも、それに関しても ヨンハはきれいな気持ちでそれを受け入れて韓国に行こうとしているわけであって、私たちがそれを否定する必要はない。ただ、ちょっと待ってくれと言ったとき、すでに移籍の発表が出てしまっていたわけなんです。そこでトップから怒られて平壌に行きました。やっぱり在日の立場として私は彼をフォローしないといけない。ヨンハは魂を売ったんじゃなくて、海外公民として堂々と日本、韓国と渡り歩いているんですと。いま、東南アジアではサッカーが大きなマーケットになっている、そこでプレーすることはさほど大きい問題ではない、と選手は見ています。自分の親が生まれ育った韓国に自分が行くことによって、南北の関係も良くなるだろうと思っている、と。南北間でも政府高官が話をして、選手が互いに交流しようとしている。本国同士はできて、在日ができないのはおかしくないですか、と」

理事長としてのガンホンはサッカーの現場のみならず、北朝鮮、韓国、日本の外交情報にも目配りを欠かさない。言い換えれば、そこに精通していなければ、在日サッカー界のリーダーは務まらない。若いころに培った詩人の感性と喧嘩上等の胆力が子どもたちの夢を広げている。

第六章　レイシズムに抗う 李普鉉《リーボヒョン》

リー・ボヒョンは京都朝鮮第二初級学校ではゴールキーパーだった。幼いころに心臓が良くないという診断を医師からされていたために、サッカーを始めても任されたのは走らずにすむポジションだけだったのだ。粛々とこなしていたが、中級に上がる際に一念発起した。監督に「もうキーパーはやりたくありません。僕はフィールドプレイヤーをやりたいんです」と訴えたのである。一九九八年のことである。監督のキム・ヨンジュは即座に却下した。「それは無理だ。君はもうキーパー以外はできないからそこで頑張りなさい」

サッカーの育成においてゴールデンエイジという言葉がある。主に運動能力や反射神経が飛躍的に発達する一〇〜一二歳の時期を指し、日本サッカー協会が発行するＪＦＡキッズ（Ｕ-8／Ｕ-10）ハンドブックなどでは「スキルを獲得するのに最も適した世代」というように定義されている。この時期に徹底的にボールに触らせることが育成においては最も重要とされているのだ。換言すれば、それができなければ技術を身につけるのはすでに手遅れということだ。

ボヒョンはこのゴールデンエイジをフィールドプレイヤーの練習をしたことがないままに過ごした。足元の技術がほとんど無い。初級学校から継続して指導をしているヨンジュは、その点からポジションを今から変えるのはもう無理だと諭したのである。しかし、少年は諦めなかった。

「何か期するものがあったんでしょうね。どうしてもフィールドに行きたいという意思表示なのか、練習の始まる一時間前から校庭に姿を現して黙々と走りこんでるんですよ。それを見て私も考えました」

ヨンジュはついにはコンバートを認めた。ボヒョンは「僕はこのチームで一番下手くそだ」という自覚の下で、本格的なサッカー人生を始めたと言える。

中級二年になった春、練習試合があったのでグラウンドに出ると見知らぬジャージ姿の男が立っていた。試合が始まると紹介も無いままにいきなり指示を出し始める。「何や？　誰や偉そうなこのおっさん？」。ボヒョンたちは訝しがりながらとりあえずそのコーチングに従った。翌日、練習に出るとまたそのおっさんが立っていた。おっさんは、俺はこれからコーチとしてお前たちを指導するクォン・チュンウィや、と名乗った。監督のヨンジュは当時の中級の世代には近年になく良い選手が集まっていることを看破していた。「この子らをきちんと育てたらかなり強いチームができるはずや」。そのためにはせっかくの素材を活かすことのできる育成強化に適した特別コーチが必要だと考えて目をつけたのが、同じ京都出身で在日朝鮮蹴球団で活躍していたチュンウィであった。この一学年下の後輩に週に一度で良いから練習を見に来てくれないかと頼んだのである。グラウンドで生徒たちを前にチュンウィは言った。「今日からコーチするけど、取りあえずお前ら皆、スパイク履いてるよな? まずそれをランニングシューズに履き替えよか」。それからはボールを使わないランニング、いわゆる素走りが練習前のメニューとしてふんだんに用いられた。学校は左京区の銀閣寺の近くにある。そこから大文字山まで往復を繰り返した。坂道を走らせたいという意向から、チュンウィ自らが原付バイクに乗って捜し出してきた南禅寺《なんぜんじ》、ノートルダム女学院を通るランニングコースである。「生徒数が少なくて選手層の薄い朝鮮学校が、テクニックのある日本の学校に勝つには後半まで我慢することや。後半の二〇分にはどんな相手でも疲れてくる、そのときにうちがまだ走ることができれば勝機を見出せる」。そのためにはフィジカルを徹底的に鍛えることだと考えていた。

チュンウィはボール扱いがおぼつかずDFとしてプレーしていたボヒョンを見て言った。「お前はこのままやったら、試合に出られへんぞ。自分で何ができるか考えてみろ」。このままなら出られない、つまり何かを変えれば試合に出られる。チュンウィの答えはボヒョンが考えていたことと同じだった。「俺はお前を上手くすることは絶対にできへん。でもお前をしこたま走らせてもバテんようにはできる」。そしてこれを目指せと、一人の選手のビデオを観せられた。技術は無くても並外れた運動量で献身的に動き回って相手のエースを徹底的に潰す、イタリア代表のジェンナーロ・ガットゥーゾの映像だった。

そこからボヒョンはチュンウィに必死に食らいついて行った。素走りの練習は何の面白みも無い。サボる選手もいたが、走り込みだけは人一倍やった。自分よりも速い同級生がたくさんいた中で、次々に追い越し最後には長距離走のタイムが二番目に速くなった。

チームはヨンジュの見立て通り、京都にいる在日のタレントが集まっていた。そこにチュンウィのトレーニングによって走力が加わり、強さを発揮し出した。ボヒョンが三年生のときに中級の中央大会決勝で大阪の名門東大阪中級（東中）を破って優勝を果たした。新人戦、選手権に加えて在日における公式戦で三冠を達成した。グラウンドが狭く全面を使ってもフルコートは取れない、更には一学年が六〇人にも満たないという京都が、生徒数の多い東京や大阪にうち勝って在日の全国大会で覇権を握るのは画期的な出来事であった。「このままこの世代が高校に上がって順調に伸びれば、全国高校選手権大会の出場も夢ではなくなる」とヨンジュは考えた。

すでに一九九四年に門戸は開かれ、朝鮮学校の高体連管轄の大会への参加は認められていた。サッカーと言えば朝高、在日韓国・朝鮮人のコミュニティで文化的に最も根付いているスポーツとして、かつては高校日本一の習志野や東京都選抜を東京朝高が完膚無きまでにたたきのめしていた時代があった。日本の大会への出場がオープンになればあっと言う間に全国大会は各地の朝高が席捲《せっけん》していくだろうと思われていた。しかし、高校選手権については予想外に苦戦が続いており、この段階では二〇〇〇年に大阪朝高が府予選を突破して出場しているだけであった（インターハイは一九九九年に大阪朝高、二〇〇一年に広島朝高がそれぞれ出場）。

民族学校へ通う生徒たちの数の減少、Jリーグの誕生によるサッカーブームから相対的に日本の学校が強くなってきたことなど、その停滞の理由は幾つも挙げられるが、筆者が取材したある朝高の指導者は「もうひとつ言うならば」と少し顔を曇らせながら言った。「在日の文化としてのサッカー、それはゆるぎないものとしてあります。日本の強豪校との定期戦でも負けずに来た。ただこれまでは、幼いころからボールを蹴ってきた選手の素質と『日本人に負けるな』というモチベーションで一発勝負だけで勝って来た部分がある。それがいわゆるインターハイ、国体、高校選手権という日本のサッカーカレンダーの中でしっかりと準備して行かないといけなくなった。学ランを着て肩で風を切って登校して、ケンカしてサッカーをやって、日本の学校を練習試合でいわして（負かして）という長年の朝高の硬派サッカー風土からの切り替えを迫られたときに戸惑った部分があります。門戸が開かれたときも私は携わってましたから分かるんですが、大きな大会をこなす経験がないんですよ。正直、喫煙、パチンコ、ゲームセンター、遊びを優先にしていた……。しかし全国大会に本当に出ようとなると、こういった全てを断ってサッカーに捧げないとだめで、そういう風潮ができるまでは一〇年くらいかかったのかな」

この指導者はまずは規律を持ち込んで、映画『パッチギ！』の世界よろしく、やんちゃな部員の生活態度を改めさせるところから始めなくてはならなかったという。

名門東中を破ったことでヨンジュはこの世代の可能性を確信した。大事に育てたいということでチュンウィを学校の職員にできないかと考えた。

「チュンウィはマニュアル的な指導方法に頼るのではなくて、瞬時に選手の能力を見抜く力があってその洞察力がすごかったんです。試合中でもなかなか僕らでは着目できないようなところに気がついて即座に指摘できる。それを子どもたちも理解して素直に納得している姿を見ていると、毎日でも指導をして欲しいと思ったわけです」

それまで京都朝高にはサッカーだけを教える専任コーチは存在していなかったが、保護者の後押しもあり、改革が促された。チュンウィもそのオファーに応じそのまま高校生の指導者として持ち上がった。高体連の全国大会出場という目標を掲げたチュンウィの指導はますます厳しくなった。ある日、ボールを使った練習の前に行われる恒例の長距離走のとき、ボヒョンが学校に戻って来てもチームメイトはなかなか戻って来なかった。チュンウィに「どうしたんや！　何をやっとんのか捜して来い！」と命じられて再びランニングコースに戻ると、仲間は哲学の道の近所の公園でブランコに乗って遊んでいた。注意をする間もなく、鬼の形相のチュンウィが原付バイクで怒鳴りながら登場した。「何をしとんじゃ！」。そのまま坂道を追い立てて行った。サボっていた選手たちもバイクにあおられて皆必死で走りきった。熱い指導者であるチュンウィは、冬場の試合で気持ちの入らない軽いプレーをすると暖を取っていたドラム缶の中から火のついた薪を抜き出して松明《たいまつ》のごとく掲げて追いかけたりした。選手は一瞬たりとも気が抜けなかったが、おかげで集中力は高まった。

チュンウィはまた、ハードなトレーニングを課すだけではなく、モダンなサッカーの戦術も教え込んでいった。当時の京都朝高は3－4－3のシステムで、中盤でプレスをかけて挟み込んでボールを取ったら繋いで前に運ぶというスタイルを採用していた。ボヒョンはフィールドプレイヤーに転向した直後、DFをしていたが、後輩に孫民哲《ソンミンチョル》というひと際身体能力の高いDFが入ってきたので弾き飛ばされる形でポジションを移動し、最終的には右のサイドハーフのレギュラーとして落ち着いた（民哲は後に北朝鮮代表合宿に招集され、FC琉球、FC KOREAを経てインドリーグのムンバイFCでプレー）。

二〇〇三年、鍛えられた世代として三年生を迎えると周囲の期待も高まった。自分たちも自信があった。全国への道は、まずはインターハイの京都府予選である。繰り返し行ってきた強化試合の実績からしても悪くてもベスト8には入ると言われていた。ところが、初戦で勝てると思っていた大谷高に負けてしまった。敗因は天候であった。どしゃ降りの雨にたたられてピッチコンディションが悪く、戦術として取り入れていた繋ぐサッカーができなかったのである。自分たちのサッカーを遂行できないうちに延長になりゴールを割られてしまった。ボヒョンたちは呆然《ぼうぜん》とした。ほぼ五年にわたって「お前たちの世代はいけるぞ」と期待され、周囲に励まされてきたのである。それがよもやの初戦敗退では自信も喪失しかけた。通常ならば、よほどサッカーに力を注いでいる選手でなければ夏のインターハイ予選で負けた段階で引退する。受験を考えている生徒にとって冬の選手権まで現役を続けることは学習時間が大幅に削られることを意味する。特にこの年は進学を希望する者が多かった。皆、悩んだ。しかし、キャプテンの金宏鎮《キムゲンジン》を中心に話し合った結果、全員が選手権まで続行することを選んだ。ボヒョンは「あんなふうにぽろっと負けて納得できへん。絶対にこのままでは辞められへん」という思いだった。引退していればリラックスできたはずの夏休みは、再びチュンウィによる地獄の練習の日々だった。この年のインターハイは平山相太《ひらやまそうた》を擁する長崎の国見高校が優勝を飾り脚光を浴びていたが、それを横目で見ながら地味なトレーニングに耐えていった。一〇月になり、選手権の予選が始まった。夏にインターハイ予選の初戦で負けていたことからシード権が取れず、一番下からのスタートとなった。繋ぐサッカーが手詰まりになっていた反省から、チュンウィは中盤をダイヤモンドにした4－4－2システムに変更した。ボヒョンも含めてテクニックがあまり無い選手が三人ほどいた。それまではこの三人が上手い選手に合わせようとしてバランスを崩していたが、発想を変えて彼らに他の七人が合わせるスタイルを選んだのである。「上手くなくても根性はあって一対一は強い。ボールを真っすぐに蹴れる。それならば全員が彼らに合わせて作り直そうと思ったわけです」（チュンウィ）。ポゼッションサッカーからボールを奪ったらシンプルにトップを走らせて縦に入れるスタイルにシフトチェンジすることと併行して、チュンウィはトップの金宏鎮にはロングボールを受ける身体の向きを徹底して教え込んだ。これが奏功し勝ち進んだ。ボヒョンは中盤で猟犬のように走り回り、ボールを奪ったらすぐに宏鎮をさがして真っすぐに蹴った。

周囲からの「一度ボールを横にパスしてから蹴らせた方がスペースが空くのになぜそうしない」という批判にチュンウィは答えた。「そのパス交換でトラップが乱れて相手に取られるんや。これしかない」

沸き立つコミュニティ

一回戦対須知高8対0、二回戦対南陽高1対0、三回戦対桃山高2対0、四回戦対洛北高1対0。京都朝高は本来の強さを発揮して一発勝負のトーナメントを順調に勝ち進み、ついにベスト8に進出した。ヨンジュは洛北高に勝ったことで手ごたえをつかんでいた。この年の府代表のレギュレーションは、ベスト8に残ったチームを四チームずつ二つのグループに分けて総当たりでリーグ戦を行い、それぞれの上位二チームが準決勝を戦い、決勝へ進むというものであった。

リーグ戦の初戦は向陽《こうよう》高校。この年のインターハイの京都代表校であった。いきなりの優勝候補との対戦に加えて右サイドバックのレギュラー鄭成俊《チヨンソンジユン》がイエローカードの累積で試合に出場できなかった。ホイッスルが鳴って五分後くらいに監督のヨンジュは「あっ、ここには勝てない」と思った。向陽高のテクニックは際立っていた。案の定、1対2で苦杯を嘗《な》めた。一年生のFW金日宇《キムイル》が涙ぐんでいた。チュンウィはすかさず活を入れた。もう一敗すれば敗退が確定する。それでも三年生はまだ余裕の表情をしていた。「よし、こいつらはまだ諦めていない」。最初の試合で躓《つまず》いて後がなくなってしまったが、何の因果か二回戦の相手は夏のインターハイ初戦で負けた大谷だった。リベンジということで猛烈にモチベーションが上がり、3対1で雪辱を果たした。続く相手は久御山《くみやま》高校。ここもまた向陽高同様にテクニックに秀でたチームだった。チュンウィは「久御山にお前らが勝つには雨が降るしかないな」と言った。夏のインターハイ予選でやられた逆である。雨でピッチが荒れていたら、ボールを繋ぐチームはパスワークが分断されてしまう。朝高はスタイルを変えていたのでもう天候には左右されない。すると、開始五分でいきなり本当に雨が降ってきた。グラウンドは荒れてサッカーなのかラグビーなのか分からないような試合になってしまったが、チュンウィの予想通りこれが展開的に有利に働き2対1で勝利。準決勝進出を決めた。

このころになると可能性を感じ出した在日のコミュニティがざわつき出した。ボヒョンたちが練習しているグラウンドにたくさんの同胞が集まってきた。「会ったこともないおっちゃんらが『頑張って下さい』って俺らみたいな高校生にポカリスエットを大量に持ってきてくれたりするんですよ。やっぱ期待してくれてはんのやなて思っていました」

準決勝は城陽《じょうよう》高校との一戦、二年生の大型DF民哲がゴールを決めて1対0。民哲のアボジ（父親）は喉から血が出るほどに声をからして応援していた。ついに決勝戦である。試合前、KBS京都が取材に来た。ボヒョンは下調べしてきたアナウンサーに「これで先発メンバーでゴールを決めていないのは君だけだね」と言われてしまった。得点者は金宏鎮、林宏行《リムゲンヘン》、李昇龍《リスンリョン》、金相賢《キムサンヒョン》、李晃浩《リファンホ》、金日宇、孫民哲、金尚徳《キムサンドク》、金成洙《キムソンス》、鄭成俊、郭明成《クァクミョンソン》。チームはセットプレーに強かったこともあり、調べたら確かに過去八試合でDFも含めてGK以外では全員が点を取っており、ノーゴールはボヒョンだけだった。自分の役割はひたすらハードワークをして相手の攻撃の芽を摘むことだと考えていたので、点を取ることを特に意識はしていなかった。しかし、改めて面と向かって指摘されるとさすがに気になって気持ちが固まった。「きっついこと言うなあ、よし、絶対点取ったる」

決勝の対戦相手は準決勝で向陽高をPK戦で破って進出してきた桂高校だった。京都朝高はノーシードから勝ち上がってきたので一ヶ月半の間で九試合目である。チームメイトは満身創痍《そうい》で、頭に包帯を巻いているメンバーが三人いた。ボヒョンも足の靭帯を痛めていて座薬を突っ込んで試合に出た。

そして誰もが堅くなるであろうこの大一番で、お前が一番下手と言われてきた男がゴールを決めた。前半二一分、左サイドの金成洙がドリブルで突破して中にクロスを上げる。中盤を走り回っていたボヒョンはそこに右から回り込み、ニアに頭から思い切り突っ込んだ。身体ごと転がってボールに当てに行く泥臭いダイビングヘッドが炸裂《さくれつ》した。1対0。大事な一戦で初ゴールを決めた。

その後、後半二分に1点返されて同点となり、そのまま試合は延長に突入した。選手たちの精神的な落ち着きを感じていたヨンジュは「PK戦やなくてここで決着つけるぞ」と気合いを入れた。前半一〇分は互いに無得点、後半もスコアレスのまま時計の針は進んでいった。ロスタイム、いよいよ終了かと思われた最後のワンプレー、中盤の李昇龍がボールを前線に放り込んだ。相手のGKが飛び出して来たが、FWの金日宇はこの浮き球に執念で頭で食らいついた。ボールは弾んでゴールに吸い込まれていった。直後に試合終了のホイッスル。向陽高に負けて涙をみせていた一年生が決勝弾を決めた。全校生徒が二〇〇人に満たない学校は、劇的な幕切れで高校選手権初出場の切符を手に入れた。九試合で得点21、失点5。創立五〇周年の節目の年でもあった。

京都の在日コミュニティは沸き立った。一九七〇年代、日本の大会への出場が叶わなかった時代に京都朝高のキャプテンを務めていた映画プロデューサーの李鳳宇は、当時のことを「我々在日のサッカー選手は戦わずして敗者でなくてはならなかった」とサッカー書籍で述懐している。その時代を知る人々にすれば感激も格別であったことは想像に難くない。

選手権大会の対戦校を決める抽選会が終わり、初戦の相手が選手権常連の埼玉の武南《ぶなん》高校に決まると、即座にヨンジュの携帯が鳴った。東京朝高で監督を務め、二〇〇四年から名古屋グランパスエイトのチーフスカウトに就任が決まっていた金益祚《キムイッチョ》（故人）からであった。「武南の準々決勝からの試合のビデオは全部撮ってあるから送ってやるよ」

後に小川佳純《おがわよしずみ》、阿部翔平《あべしょうへい》、吉田麻也《よしだまや》、永井謙佑《ながいけんすけ》などポテンシャルの高い選手を次々に発掘、グランパスのJリーグ初優勝にも貢献することになる益祚は慧眼の持ち主というだけではなく面倒見も抜群に良かった。ヨンジュが関東遠征をやると桐蔭やヴェルディ・ユースといった強豪チームとの練習試合を積極的に組み、現場にも駆けつけて来てくれた。一二月五日に京都ホテルで行われた祝賀会では京都府サッカー協会の田中偉晃《いこう》会長が「相手が武南だけに無難にこなして欲しい」というオヤジギャグで笑いを取った。「ブナンに勝たなあかんな」。益祚に感謝しながら、ヨンジュとチュンウィは文字通り擦り切れるまでビデオを観た。

　大会が始まるまでの一ヶ月は忘年会シーズンとも重なり、朝高ＯＢや保護者による祝勝会や壮行会が目白押しで取材も殺到していた。支援や寄付も含めて大変にありがたいことであったが、ヨンジュとチュンウィは生徒をサッカーに集中させたいと考えた。二人は話し合った。

「同胞に喜んでもらうためにやって来たんやから、喜んでもらおう。ただどこかでラインを引こう。全国大会に出る以上は勝たなあかん。生徒に民族のためということを背負わせるよりも、まず純粋にサッカーで勝つことだけに集中させよう」。連休を利用して三重県に合宿に行くなどして喧騒から隔離することを図った。

　大会直前の一二月に発行された『サッカーマガジン』での学校紹介インタビューでヨンジュは「（予選で）敗れていった（他校の）選手の目が忘れられない。民族学校だからどうのこうのより、彼らの分までいい試合をしたい」と語っている。この意識は共有されており、ボヒョンたち選手も「京都代表としてがんばりたい」、朝鮮総聯京都府本部の琴基都《クムキド》国際部長も同様に「彼らには『在日代表』などとは考えず、思いっきりプレーして欲しい」「普通の学校の普通の生徒が、努力で全国大会への切符をつかんだ。それだけのことですよ。同胞に希望をもたらしたのはもちろんですが、全国の無名校全てに、希望をもたらしたと思っています」とコメントしている。サッカーに関しては朝高は無名ではなかったが、確かに小さな学校ではあった。全国の代表校の紹介データが送られて来た。京都朝高は全部員数が三五人で最少である。強豪校になると部員の数が二〇〇人を超えていた。「俺らの学校の生徒数よりも多いやん」と選手たちは言い合った。

大会までの一ヶ月は瞬く間に過ぎた。京都朝高は一二月二九日に上京した。

埼スタの芝の上で幕切れ

二〇〇四年一月二日、試合会場は埼玉スタジアム2002《にまるまるに》。二〇〇二年日韓W杯で使用され、ジーコが日本代表監督時代に愛用したことでも知られる。〝アガるな〟という方が無理であった。ボヒョンは「ベッカムのサインとか残っていて感動したんですけど、フィールドに上がったら頭が真っ白になってやっぱりめちゃくちゃ緊張しました。全国に行ったはいいけど、全国なれしていないというか、監督やコーチも緊張していてわけの分からんうちに試合が始まった感じでした」

試合前に行われるユニフォームの確認でヨンジュは対戦校である武南高に挨拶しようとしたが、名将大山照人《おおやまてるひと》監督はもう目を合わせなかった。

「あっ、ここからもう戦いは始まってるんや。自分のような若造に対しても勝負をしてきてはるんや。これが百戦錬磨の監督なんや」

ホイッスルが鳴った。先制パンチを狙った京都朝高は前からプレスをかけて猛烈に攻め入った。開始二分、トップ下の林宏行がボールを奪う。外に開いてボールを受けたボヒョンはいきなりクロスを上げた。こぼれ球に反応した金相賢のシュートは決まったかに見えたがバーを直撃した。試合の入りは良かった。しかし、時間が経過するにつれて流れは武南高に移っていった。一〇分を経過したころ、ヨンジュは「個々の力が全然違う。うちは分析されている」ことを痛感していた。矢先の一六分、武南高のMF泉裕也に先制ゴールを決められた。その後、朝高の選手は敵将大山監督も驚いたというチュンウィ仕込みのボディコンタクトの強さを武器に反撃する。金尚徳の正確なプレースキックから孫民哲の頭を狙うホットラインでチャンスを作るが、あと一歩のところで崩し切れない。後半に入るとボヒョンのマッチアップは高校サッカー界においてテクニシャンで知られた梅澤アイメン徳憲（後に国士舘大学）に代わった。中学の世代から全国大会の常連であった梅澤のプレーは噂に違わなかった。「えっ、めっちゃ上手いやん、俺この人とマッチアップなん？」。梅澤は小柄ではあるが、するすると相手をかわしてスルーパスを裏に通せる正確な技術を持ち、半端なプレスを見逃さない。中盤とDFの間が間延びするとすかさずそこを突いてきた。中級入学まではGKだった男は必死についていき、六九分にはカウンターから強烈なミドルシュートを放った。健闘したが、結局、FWの井上健吾にも決められて0対2で終了した。試合後ボヒョンはミックスゾーンでの『京都新聞』の取材に「最初の攻撃のときに浮き足立ってしまった」と初出場の経験の無さを吐露している。六年越しで強化された京都朝高の高校サッカーは終わった。

中島《なかじま》 敦《あつし》を学びたい

ボヒョンは浪人を覚悟して日本の大学へ進学することを決意した。初級のころからつきあっている民族学校の友だちは皆仲が良かったが、何かと緊密な在日のコミュニティの中だけにいることが少々しんどくなってきたのである。浪人時代にはこんなことがあった。初めて彼女とデートした日、帰宅したら、妹に言われた。「お兄ちゃん、今日河原町《かわらまち》で女の子と歩いてたやろ」「何で知ってんのや?」。携帯がすでに普及していたころで、在日の知人に見つかって一気にメールが回ったのである。「監視社会かいな、でっかい村やな」と苦笑してひとりごちた。

朝鮮大学校への進学を勧める大人もいたが、日本の大学に入って新しい世界を見てみようと思った。学部は文学部を受験することにした。朝高の日本語の授業で学んだ作家中島《なかじま》 敦《あつし》に惹かれていたのである。教科書にあった「山月記」に感銘を受け、他の作品も読んでみようと漁ったところ、「李陵」「巡査の居る風景」に遭遇して嵌《はま》ってしまった。李陵は中国の前漢代の将軍で遊牧の異民族 匈奴《きょうど》と戦うも、大軍の前に敗れて捕虜になってしまう。失意の中にあったが、捕らえられて野蛮な民族と思っていた匈奴に実際に接してみると実は理にかなった道徳に従い、立派な文明を持っていることを知ってどんどん他民族への偏見が取れていく、そのコスモポリタンの感性に共感した。「巡査の居る風景」は植民地時代の朝鮮の風景を朝鮮人巡査趙教英《ちょうきょうえい》の目で活写したもので、中島敦は一九四二年に三三歳で亡くなる戦中の人間であるが、侵略の加害者としての自分たち日本人に刃を向けている。「なぜ自分（筆者注：朝鮮人）が自分であることを恥じねばならないのだ」という一節が作品中にある。物語では、東京から来た総督に向けてレジスタンスの朝鮮人がピストルを発砲する。朝鮮人でありながら彼を捕らえた趙巡査は「捕われたものは誰だ。／捕えたものは誰だ」という圧迫感に苛《さいな》まれる。

中島敦を日本の大学で学びたいというボヒョンの意志の発露は在日朝鮮人としてのアイデンティティーの発露でもあったと言える。それは在日のコミュニティを飛び出したいという気持ちと何ら矛盾するものではなく、むしろアイデンティティーを確立したが故の進路決定であった。各種学校扱いの朝鮮学校であっても日本の大学の受験資格を取得できる時代になっていたので、安英学のように改めて日本の高校の卒業認定を得る必要はなく、受験勉強にまい進できた。二〇〇五年、関西大学文学部に合格し入学を果たす。

大学では何もかもが新鮮だった。新学期のクラスでは、生まれて初めて自己紹介をした。京都朝鮮初級、中級、高級と民族学校では誰もが家族も含めて全員顔見知りであったから、その必要が無かったのである。

本名を名乗って自分は在日朝鮮人です、と自己紹介すると、誰もがひと言目に「日本語上手いね、いつ日本に来たの？」と聞いて来た。「ああ、在日のことを皆、よく知らんのやなあ」と改めて思った。何度も誘われた留学同（朝鮮総聯傘下の学生団体、在日本朝鮮留学生同盟）には絶対に入らなかった。せっかく日本の大学に入ったのである。この環境でゼロから勉強しようと考えていた。サッカーだけは京都の在日蹴球団でプレーを続け、余暇にはアルバイトで貯めたお金で旅行に出掛けて見聞を広めた。関大には非常勤講師として来ているユニークな社会学者がいた。五限目の授業が終わると「この後、飲み会やるからな。暇なヤツは飲みに来い」というので出掛けて行くと、集まって来たのは在日とオタクと風俗嬢というマイノリティの学生だけで、それがまた痛快で面白かった。講師の名は岸政彦《きしまさひこ》と言った。

在特会の街宣

四年間を滞りなく過ごし卒論で中島敦を書き上げて無事に卒業すると、メーカーの営業職に就職が決まっていた。社会人一年目、仕事にも慣れ京都蹴球団でのプレーも続け、平穏な日常が続くかと思われたが、とんでもない事件が起こり、やがてボヒョンはその渦中に身を投じていくことになる。

二〇〇九年一二月四日午後。京都市南区にある京都朝鮮第一初級学校前に拡声器を持った数人の男たちが現れた。「門を開けんかいっ！」「クソッ、ボケッ！」「子どもも言うてもスパイの子どもやないか」「密入国の子孫」「お前ら道の端を歩いとったらええんや」。幼い子どもたちがいる校舎に向かってまともな人間ならば耳を塞ぎたくなるような罵声が浴びせられた。「在日特権を許さない市民の会（在特会）」「主権回復を目指す会（主権会）」によるヘイトスピーチ街宣だった。「北朝鮮のスパイ養成機関」「朝鮮学校を日本からたたき出せ」とのシュプレヒコールが大音量でがなり立てられた。平日の授業中である。校舎の三階で滋賀の初級学校との交流会をやっていた教師は子どもたちに聞かせてはいけないと機転を利かせ、マイクのボリュームを上げて外の音を掻《か》き消すなどしたが、下の階の子どもたちの耳には罵声が届いてしまった。子どもたちは怯《おび》えて激しく泣き出した。学校側は警察に通報した。しかし、駆けつけた警官は街宣を止めさせることもなくただ見ているだけであった。在特会はヘイト街宣の目的として「朝鮮学校に五〇年にわたって不法占拠されていた公園の奪還」を主張していたが、これは言いがかりに過ぎない。第一初級学校は校庭が無く体育の時間は隣接する勧進橋《かんじんばし》児童公園を使っていたが、不法ではなく使用においては学校側と町内会、京都市の三者で一九六三年一二月に取り決めがなされていた。そもそも隣接する公園を運動場代わりに使用しているのは京都においては珍しいことではなく、「襲撃事件が起きた段階でも、京都市立の中学校四校と小学校一校が公園を運動場に使っていた」（『ルポ京都朝鮮学校襲撃事件』中村一成著、二〇一四年、岩波書店）

在特会が公正な正義感から街宣をかけたのではないということはその後、在日の子どもたちに対するこの卑劣な行為を恥じるどころか自慢気にネット上にアップして楽しんでいることからも分かる。差別をエンターテインメントとして消費する下劣極まる蛮行である。

「第一初級学校が大変なことになっている」。異変の情報は京都の在日の間で瞬く間に拡散された。ヨンジュは高校での授業の合間に一報を受けた。アップされている襲撃の映像を見てさらに衝撃を受けた。「何とも言えない。ただただ空しかったです」。生徒には黙っていたが、前後して彼は在特会から何本も嫌がらせの電話を受けていた。「表現の仕方がね、『うじ虫』なんですよ。で、この虫けらは幼虫のときに何とかって……。こういう（ヘイト攻撃をされている）状況を生徒に言うべきかどうか、悩みながら授業をしたこともありました」。ヨンジュにとって民族学校とその生徒は宝である。一人で抱え込む苦悩は深かった。

一方ボヒョンはこのとき「ついに来たか」と思った。社会人になる前からネット事情に精通していたので、mixi などで在特会が活動を開始したときから危険な団体だと察知していたのだ。第一初級学校を襲撃することは一一月下旬の段階で予告動画が作られて YouTube にアップされていた。「これはたたき出します」というナレーションとともに不法占拠の象徴として映し出されたのが、授業で使用するために公園に置かれていた朝礼台、スピーカー、そしてサッカーゴールであった。ボヒョンは第二初級学校の出身であったが、サッカー部のチームメイトとして第一初級学校の友人とも馴染みが深く母校と言っても過言ではなかった。特に選手権予選で大活躍した一学年下のDF民哲はまさにこの公園のサッカーゴールでプレーをして育ったのだ。自分にとって大切なものが汚された思いだった。在特会は次々にHP上でヘイト街宣の予告を出していた。一二月二〇日には宇治市の朝鮮人集住地域ウトロが襲われた。一四時に北山公園を出発した在特会のデモは、高齢者の多いウトロ地区のバラック建ての家の間を練り歩き、大音量で「朝鮮人出て行け」「存在自体が反社会的行動」というような差別煽動《せんどう》、ジェノサイド煽動のコールを繰り返した。二〇一〇年三月六日には東九条の京都コリアン生活センター・エルファを襲撃するという予告が出た。エルファは在日コリアンをはじめとする異文化を背景に持つ高齢者や障害者をサポートするNPO法人である。このセンターの老人ホームにボヒョンのハルモニ(祖母)がいた。こんな非道を黙って見てはいられない。エルファに駆けつけた。

「知った以上、若い僕が行くしかないやないですか」

やがてヘイトの街宣が始まった。日本の植民地支配によって並々ならぬ苦労を強いられた一世、二世の年老いたコリアンたちに向けられた「死ね!」「殺せ!」という言葉が耳に入る。ボヒョンは老人ホームの中で身を硬くしていた。不安しかなかった。ヘイトスピーチは当時の日本の法律では取り締まることはできない。警官を呼んでも当てにならず、ただ傍観しているだけである。「本当に在特会が押し込んできたら、自分がハラボジ(祖父)やハルモニの盾になるしかないな」。直接耳に入る罵詈雑言が悔しくてたまらなかった。

東九条以後も在特会の街宣が予告される度にボヒョンは一人で現場に飛び出して行った。在日があのヘイトをまともに浴びたら心が折れる、これに朝高時代の友だちや知り合いを巻き込んではいけないと考えていた。何度目かのウトロ街宣のときだった。ボヒョンが驚いたのは在特会が掲げる横断幕の裏側に「本当に殺《や》ってやる」というメモが貼られていたことである。真剣に殺意を持っているのか、もしそうなら対話をしようとしても同じ人間としての言葉が通じないのではないか。そして街宣車のアナウンスの声が途中から若い女の子のそれに代わった。中学生と思われる女子が在日韓国・朝鮮人に対して、人としての尊厳を踏みにじるような差別表現を平然とかつ縷々《るる》としてマイクでがなりたてることに、戦慄を禁じえなかった。「何とかしないといけない」。現場では必死に抗議をするが、多勢に無勢であった。

人間として許しがたい侮辱に対し在日の人たちが怒りを露《あらわ》にして詰め寄ると、逆に取り囲まれて動画を撮られた。そして「朝鮮人はこんなに暴力的だ」とネットに晒されてヘイトとともに拡散されていった。そもそも在特会が主張する在日特権の根拠とされた「特別永住権」は特権ではなく資格であり、「生活保護受給」についても厚生労働省は「国籍に拘わらず同じ基準で判断しているので優遇の事実は無い」と回答している。これらの代表的な二つの事柄を含めた「在日特権」とされる優遇制度は国によってその存在を否定され、デマだったことが確定している。しかし、真実の追究よりも民族差別そのものを目的とした排外集団はヘイトを止めようとしない。そして警官隊はそのデモを止めることも無く護衛さえしている。

二〇一三年二月、大阪のコリアンタウン鶴橋での街宣でボヒョンは公然とスピーカーから「ゴキブリ朝鮮人」という声が聞こえて我を忘れて飛び出しそうになった。持っていたカバンを摑んでそれを必死に止めてくれたのが、李信恵《リシネ》だった。二〇一四年に「反ヘイトスピーチ裁判」の原告として桜井誠《さくらいまこと》在特会会長（当時）と在特会、保守速報を訴える信恵はこのとき、自分自身も大きく傷つきながらもボヒョンのことを慮《おもんぱか》ってくれた。カバンの持ち手が千切れるほどに全力で止めてくれたのだ。大学で教えを受けた岸政彦も現場に来てくれていた。

若い女の子が「在日の皆さん。いつまでも調子に乗っとったら鶴橋大虐殺を実行しますよ」と叫んだのはこのときである。全身の力が抜け、その場でへたり込みそうになった。それでも「お前たちは間違っているぞ！」と精一杯大きな声で叫んだ。

カウンターの友人たち

消耗していたボヒョンは、在特会に対するカウンターとして「レイシストをしばき隊」という集団が東京で立ち上がったことをツイッターで知った。フリーの編集者で著述家でもある野間易通《やすみち》が日本人を中心にオーガナイズしたこの集団はヘイトが行われている現場に向かい、非暴力直接行動で制止するというものであった。ボヒョンは当初、このしばき隊に否定的であった。日本人の在日に対する活動に関わると往々にして途中ではしごを外されてしまうことがある。もしそうなるとまた在日のみがたたかれるのではないか。それでもとにかく直接どんな運動なのか確かめたいと思い、新幹線に飛び乗ってしばき隊のカウンターが行われる新大久保に駆けつけた。野間や彼の周辺の人々と会って話をするうちに考えが変わった。「ああ、この人たちと一緒になって流れに乗らないとあかん」。抗議活動を続けていた野間は試行錯誤の末、このヘイトクライムを抑えるためのアクションに当事者である在日韓国・朝鮮人を関わらせてはいけないという考えにたどりついていた。「マイノリティである在日は対立した場合、圧倒的に不利なんですよ。彼らに抗議をさせてはいけない。このヘイトの問題は日本人の中で解決しないといけないと思ったわけです」（野間）。しばき隊の活動は在日のためではない、マジョリティがマイノリティを守ってやる、そんな傲慢なことはできない、それこそ対等の関係ではない、守るべきはマジョリティもマイノリティも含めた公正な社会そのものである、という理念であった。対立軸を日本人対在日にしない。社会を壊す者対守る者の構図にするのだ。

「この人たちとなら一緒にできる」とボヒョンは思った。野間は在日のためにやっていないし、在日を関わらせてはいけないという。実際にカウンターの現場に行けば在日にとって身体が硬直してしまうような酷い言葉をまた浴びせられる。ショックで過呼吸に陥って病院に運ばれた人もいた。ボヒョンもだからこそ、朝高時代の友人たちを誘わなかった。しかし、自分はどっぷりと深く関わろうと考えた。京都蹴球団を辞めてカウンター活動にまい進した。

ボヒョンの定義で言えば「公正な社会を壊し、人の心に大きな傷を残すデマによる差別煽動の動きに路上で対峙《たいじ》して非暴力で阻止する」

足しげく通ううちに関西のみならず関東のカウンターの友人も増えていった。在日のみならず少数者に対する差別を許さないと考えるいろんな仲間ができた。ゲイやレズビアンなどといったいわゆるＬＧＢＴの人たちとの出会いは新鮮だった。意見の相違から初対面で「こんなの（ヘイトスピーチを）法規制しないと絶対だめでしょう」と食ってかかった作家の松沢呉一《まつざわくれいち》はその後、一生懸命法規制について調べてくれた。

仲良くしようぜパレード in 大阪

二〇一三年の五月。道頓堀の土手に座ってカウンターの仲間たちと話し合った。「何か楽しいことやりたいな」

次々にヘイトスピーチ街宣の現場に行ってそれを押し止めることはもちろん意味のあることであるが、もぐらたたきのように相手に合わせてカウンターを繰り出すのは精神的にもきつい。カウンター側は明らかな被害者であるにもかかわらず、「在特会もカウンターもどっちもどっちだ」という論調が流通することも悔しかった。差別をカラオケのように楽しむ輩と、一方的に傷つけられながら必死に対抗言論を繰り出す側。両者を、あたかも同等な大義の衝突のように扱われるのだ。「どっちもどっち論」は現場を知らないマジョリティ側の傲慢さの表れに他ならない。

自分たちで主導して差別を撲滅するようなことはできないか。そんなことを話し合った。こうして立ち上がったのが、「OSAKA AGAINST RACISM 仲良くしようぜパレード in 大阪」だった。

大阪のキタからミナミまで、御堂筋《みどうすじ》をサウンドカーの音楽に乗せて様々な人たちが「差別を無くそう」「仲良くしようぜ」とメッセージを発信しながら行進する。ボヒョンは事務局のスタッフとしてこのパレードの遂行に向けて奔走した。職場が京都だったので仕事が終わると大阪に向かって会議に出席、終電で帰宅して朝六時に出社するという毎日になった。正直、不安もあった。「こういうことでたくさんの人が集まるんやろうか。五〇〜六〇人で逆に少なかったら、それで受けるダメージの方が大きいんやないかな」

準備の段階での批判も多く巻き起こった。それも反差別を標榜する側からの言いがかりのような中傷が酷かった。それらをまとめると、曰《いわ》く「日本人と他民族が表層的に手を繋ぐのは同化主義ではないか」「仲パレは結果的に差別のある現状を肯定し、それを温存することになるのではないか」「仲良くしたということで差別を隠蔽する」「差別の元凶である天皇制に抗議せずに何が反差別か」。さらには「仲良くしようぜの『ぜ』が男性中心主義である」というものまであった。これらうんざりするような批判に対してボヒョンは根負けすることなく向き合い、ひとつひとつ丁寧に対応していった。

七月一四日、晴天の下でパレードは決行された。人が集まらないのではないかという心配は杞憂に終わった。出発地点の中之島公園には六〇〇人が集まった。「OSAKA AGAINST RACISM」という横断幕の下で先頭のボヒョンはコーラーを務めた。「三ヶ月前にレイシストの街宣で汚されたこの御堂筋を今日は笑顔と喜びで塗り替えましょう」

ここで叫んだのは民族差別反対だけではない。性差別も性的指向差別も障害者差別も私たちは許さないという言葉だった。メッセージは届き、パレードは連休で街に出ていた周囲の人も巻き込んで大きな盛り上がりを見せた。「仲良くしようぜ」。ボヒョンが発するコールは最後まで途切れることなく続けられた。

クィア文化祭

仲パレから約三ヶ月後の一〇月七日。第一初級学校襲撃事件の民事訴訟裁判の判決（すでに刑事事件としては被告四人の有罪が確定）が出た。裁判長は在特会と襲撃に参加した人物に対し約一二〇〇万円の賠償金を支払うことを命じ、さらに新しい初級学校の半径二〇〇メートル以内も含めての街宣の禁止を言い渡した。司法は日本が批准している人種差別撤廃条約を踏まえ「ヘイトスピーチは人種差別」と明確に認定したのである。在特会は控訴したが、翌二〇一四年七月には大阪高裁がこれを棄却。判決は「ヘイトスピーチは差別意識を助長し増幅する悪質な行為。表現の自由の濫用」と断じた。当然である。かつてドイツではユダヤ人に対するヘイトがホロコーストに繋がっていったのだ。

選手権予選で声をからして応援していた民哲のアボジ、孫智正《ソンチジョン》は学校法人京都朝鮮学園理事長として控訴棄却の際の判決を受けて記者会見に臨み、「今回の判決が差別は許さないという日本社会の動きを後押しすることを期待する」と語った。

ボヒョンのハラボジは大邸、ハルモニは釜山の出身であった。祖父は京都の朝鮮総聯の重鎮で北朝鮮を支持していたが、祖母は距離を置いていた。ボヒョン自身、複雑な思いで朝鮮半島の北と南を見ており一度も韓国に行ったことがなかった。しかし祖父母が生まれた祖国を訪問する機会は意外な形でやってきた。二〇一五年六月、ソウルで行われる性的少数者の祭典「クィア文化祭」が妨害に晒されて開催が危ぶまれていることを聞いたのである。

「ＬＧＢＴのパレードが危機なんやって聞いて、それは在日の俺が助けに行かないとあかんやろってやっぱり思ったんです。日本のカウンター活動で知り合った仲間にもゲイの子ってたくさんいてて、仲良くなったときに『俺ゲイでさ、在日の人らがヘイトスピーチを浴びてるのを見てて（同じマイノリティとして）俺らが言われてるように感じたんや』って、それで来てくれてたんです。僕らからしたら助けてくれた人じゃないですか。そうしたら今度はソウルでゲイのパレードがクズみたいな奴らに邪魔されて『死ね』『殺せ』って言われているときに、その子らが韓国に行くんですよ。当時、僕はちょっと疲れて休んでいたんでどうしようかなと考えていたんです。だけどはっと気がついて『うわっ、俺は何を悩んでいるんや。めっちゃダサい。助けられたんやから、助けないと』って思ったんです。躊躇していたんがすごく恥ずかしくなって行くしかないわって気合入れたんです」。ボヒョンはこうしてLGBTのパレードを守るためにソウルに飛んだ。初の韓国訪問の感慨はどうであったのか。「ここがじいちゃんとばあちゃんの国なんや、みたいな感動もあったんですけど、それ以上にめっちゃ怒りがあったんで。何でお前らゲイの子らをどうこういうんじゃ。そんな酷い韓国人しばいたるって感覚で（笑）。ゲイ差別韓国人しばき隊でしたね。祖国訪問の感動はまあ後日みたいな（笑）」

クィア文化祭には予想通り同性愛反対のホモフォビア集団が妨害にやって来た。韓国語の理解できるボヒョンにはスピーカーから聞こえる彼らの声が何というヘイトを連呼しているのかが分かる。「そいつらゲイに対して酷いこと言って来るんですよ。そのときに真っ先に怒鳴り込んだんが、僕とか松沢さんで。日本から応援に来たゲイの子らが泣けるんですよ。『韓国語で差別反対って何ていうの?』て聞いてくるんで教えてあげたら、たどたどしい韓国語で一生懸命『チャビョル・パンデ（差別反対）』って叫んでるんですよ」。ボヒョン自身はヘテロであるが、彼らの痛みを慮る想像力があった。在日朝鮮人が韓国へ行ってゲイのために差別的な韓国人をしばく、などというアクションはかつては考えられなかったであろう。ボヒョンはときに軽々と民族の垣根を飛び越えて組織に縛られない新しい社会運動の波を起こす。日本社会の問題についても積極的にオピニオンを発信する。

ヨンジュにそのことを話すと笑った。「僕の教育が入っていないな（笑）。一応総聯の考えでは日本の政治に関わる内政干渉はやめましょうということやから、何を聞いていたのかな。でも聞いてへんのが良かったかな（笑）」

ボヒョンはJリーガーになったわけではない。いわんや北朝鮮代表や韓国代表に選出されて日本代表と戦ったわけでもない。それでもしっかりとアイデンティティーを確立して日本の社会の中で多くの人々と交わり、在日の存在を広く可視化させている。マジョリティである日本人が在日韓国・朝鮮人の属性を侮辱し差別を煽動しようとするヘイトスピーチは、日本人自身が解決すべき日本社会の問題である。被害者である在日を巻き込んではいけない。

一方でLAZAK（在日コリアン弁護士協会）代表の金竜介《きんりゅうすけ》弁護士はこうも言う。「日本社会の問題であるが、歴史上、マイノリティ自らが先頭に立たずに解決した人権問題は無い」

私は二〇一四年一月一一日の京都・河原町でのヘイトスピーチ街宣に対するカウンター行動で見たボヒョンの豊富な運動量を忘れることができない。

紛れも無い在日のサッカー選手の軌跡として書き残しておきたい。

第七章　CONIFAワールドフットボール・カップ①

戦わずして敗者となった者たち

世界各地のサッカー協会の元締めであるFIFA（国際サッカー連盟）には現在二一一のサッカー協会が加盟している。加盟承認の原則は「国際社会によって主権国家として認められており、国連に加盟している国のサッカー協会」となっている。これには例外もあり、国でなくとも「一定の自治が行われている地域」であれば加盟はできる。アジアでは台湾や香港、パレスチナ、ヨーロッパではフェロー諸島、北中米カリブ海ではヴァージン諸島などがそうである。とは言えこの例外に明確な定義は無い。いみじくも二〇一五年にFIFAの理事がW杯招致に絡んで巨額の裏金を受け取っていたとしてスイスの司法当局に逮捕された。腐敗（FIFA汚職事件）の構造からみても加盟承認には、政治的な思惑や大きな利権が絡むと言われている。

在日サッカー界にとっても世界大会を見た場合、統轄団体として行き着くFIFAのこの問題について、少しおさらいの稿を割いておきたい。

二〇一五年五月二七日にアメリカの司法省がＦＩＦＡの関係者九人を含む一四人を起訴、そのうちの七人をスイス警察が逮捕した。容疑は一九九〇年代からその時点に至るまでにスポーツマーケティングの企業や、Ｗ杯の開催地などから多額の賄賂を受け取ったというものである。具体的には、Ｗ杯の地区予選、南米選手権などの公式九大会の独占放映権を与えたことの見返りや、二〇一〇年の南アフリカ大会招致、ＦＩＦＡ会長選に関する買収工作に応じたものである。約二四年間の長きに亘ってもたらされたその不正資金の総額は一八五億円に上り、特にジャック・ワーナー元ＦＩＦＡ副会長には一〇〇〇万ドル（約一二億円）が南アフリカ政府から渡ったとされている。

ＦＩＦＡはもはや息を吸うにもカネが必要な組織となってしまった感があり、主要大会の開催や加盟には国際政治と特権幹部の思惑が絡み、国家レベルで湯水のように裏金を注ぎ込むのが常識とされつつある。アメリカがＦＢＩ（連邦捜査局）を中心に今になって必死に捜査を進めたのも、このスポーツ利権を欧州から奪回しようとしたためとさえ言われている。

一方、世界には自分たちの固有の文化に誇りを持ち一国家一民族という同化システムに入ることに与《くみ》しない少数民族や、迫害を受けて祖国を捨て異国のコミュニティで暮らす人種、固有の領土を持たないが地域に根を下ろして生活している民族などが多様に存在している。そのような人々もサッカーをプレーし、サッカー協会を持ってはいるが、このＦＩＦＡの加盟承認の原則では到底掬《すく》い上げることは不可能である。加盟のために投入するような潤沢な予算も到底無い。マイノリティである彼らの多くは未来永劫《えいごう》、自分たちと同じアイデンティティーを持つ代表チームを国際大会に送り込むことはできない。いわば戦わずしてすでに敗者にされてしまっている。

そんな人々にプレーする場所を提供しようと二〇一三年に創設されたのが、ＣＯＮＩＦＡ(Confederation of Independent Football Associations)であった。ＣＯＮＩＦＡは現在ＦＩＦＡに加盟できない、あるいはしない地域や民族のサッカー協会をまとめあげる国際団体として機能している。

私がこの組織の存在を初めて知ったのは翻訳家でジャーナリストの友人、実川元子《じつかわもとこ》によってである。

実川は二〇一四年の六月にスウェーデンのサープミ（英語名ラップランド）で行われたＣＯＮＩＦＡが主催する第一回ワールドフットボール・カップを日本人で唯一取材し、その大会の意義を伝えている。第一回大会には世界中から一二の代表チームが参加している。実川によれば参加したサッカー協会は三つのタイプに分けられるという。列挙してみる。

1　独立宣言をし、国際的には一部の国々に承認されている新しい国家であるが、元いた国のサッカー協会の反対でＦＩＦＡ加盟が阻止されている国の代表。
例えばアルメニア人が多数派を占めて、一九九一年にアゼルバイジャン共和国から独立宣言をしたナゴルノ・カラバフ共和国。同じくジョージア（旧グルジア）から独立したオセット人の南オセチア共和国とアブハズ人のアブハジア共和国などがこれにあてはまる。この三ヶ国は事実上独立しているが、国家として認めている国がほとんど無く、ＦＩＦＡには加盟できない。外交的には三ヶ国で相互承認をし合っている。ナゴルノ・カラバフは人口一四万七〇〇〇人、南オセチアは五万二〇〇〇人、アブハジアは二四万二〇〇〇人の小国であるが、サッカーは盛んである。

2　元々いた国や地域から紛争などによって世界各地に散らばったディアスポラ（国外居住者）のチーム。

アラメアン・スルヨエというチームがある。これはイエス・キリストが話したとされる古代アラム語を共通言語とした民族（アッシリア人）のチームで、サッカー協会はスウェーデンのストックホルムに置かれているが、世界各地に同胞が三〇〇万人存在している。この二〇一四年大会ではドイツ、スイスなど七ヶ国から代表選手が招集されている。

タミル・イーラム。スリランカの内戦でシンハラ人に追われて各地に散ったタミル人のチームで、サッカー協会の本部はカナダに置かれている。世界中で七七〇〇万人がいて難民、移民となった人々の二世や三世が祖先からの文化・伝統を引き継いでいる。

3　マイノリティということで不可視にされている自分たちの文化的存在を国際的にアピールしたい人々のサッカー協会。

オクシタニアサッカー協会。南フランスとスペイン北部及びイタリアの一部を含む地域で、オック語を話す人々の協会。画家のセザンヌや哲学者のモンテスキューもこのオクシタニアの出身であったという。オクシタニア地域に暮らす人々は、約一四〇〇万人であるが、現在もオック語を話す人は六〇〇万人足らずと言われている。この言語を自らのアイデンティティーとして世界に発信しようとしている。

クルディスタンサッカー協会。土地を持たない民族、クルド人のチーム。世界に三〇〇〇万人いる。日本にもトルコ政府の迫害を恐れて逃れて来たクルド人が埼玉県の蕨《わらび》市や川口市にコミュニティを作っており、約一〇〇〇人が居住している。イランとイラクにまたがるクルディスタン自治区に協会本部が置かれている。

マン島国際サッカー連盟。英国の王室領であるマン島のサッカー協会。英国王室属領という位置づけではあるものの島としての自治権を持っている。人口約八万人のマン島は公道を使ったオートレースで有名であるが、サッカーも盛んで公用語のマンクス語（ゲール語の一種）での島の呼び方、エラン・バニンを代表チーム名にしている。イングランド、スコットランドとも異なる固有の文化を持っている。祖父や祖母、つまり二親等以内の身内がマン島の出身者であれば、選手自身はどこの国の国籍であってもこのエラン・バニン代表でプレーができる。

カウンテア・デ・ニッササッカー協会。プロバンス語で「ニース伯爵領」を意味する通り、世界的な観光地であるコート・ダジュールに属するフランス南東部のニース市のチームである。ニースは今でこそフランス領であるが歴史的には紀元前四世紀にギリシア人によって建設された都市であり、その後ケルト人やローマ人の支配を受け、近世にはサヴォイア公国やスペインに属したこともある。いわば数多くの民族が混在して居住したために割譲されたその地域の独自性「＝我々はニース人である」に拘《こだわ》る傾向が強い。もちろんフランスリーグにニースというチームは所属しているが、カウンテア・デ・ニッサはそれと共存しながら、ニース出身者だけで代表チームを構成している。

ディアスポラ、マイノリティのW杯

CONIFAの第一回ワールドフットボール・カップは、これらを含む多士済々一二のチームをスウェーデン中部のサープミにあるウステルスンドに集めて二〇一四年六月に開催された。

サープミは英語名の「ラップランド」として世界に知られているが、少数先住民族のサーミ人はそれを自分たちの言葉ではないとして頑として拒否している。

CONIFAの会長はまさにこのサーミ人のペール＝アンデルス・ブランドである。ブランド会長はノルウェーでサーミ人として生まれ三歳で両親と共にスウェーデンに移住するのだが、そこで筆舌に尽くしがたい酷い差別と虐《いじ》めに遭ったという。

「殴られたりツバを吐かれたり服を破られたりする暴力はまだマシな方で、目に見えない差別に苦しめられた。人としての道を外れてもおかしくない自分を救ってくれたのがサッカーと音楽だった」。多くは語らないが、学校へ行ってクラスメートに暴力を振るわれなかった日は無かったという。孤立し社会を恨み、やさぐれてドロップアウトしかけた瞬間が多々あったのではないかと思われる。

ブランドはそんな自分を救ってくれたサッカーの力を信じた。ピッチの上では人種も民族も宗教も超えることができる。どんなに抑圧された民族でも誇りを保ち、自分たちのアイデンティティーを発信する力を与えてくれる。しかし、FIFAには限界があった。本来ならば真っ先に救われなければならない少数者や迫害されている人々は当然ながら経済的には困窮しており、政治力も弱い。未来永劫FIFAへの加盟は困難である。そこで非営利団体としてCONIFAを立ち上げるに至った。

二〇一四年の第一回ワールドフットボール・カップは決勝で「ニース伯爵領」代表チーム、カウンテア・デ・ニッサが、「マン島」代表チーム、エラン・バニンをPK戦で破って優勝を決め幕を閉じた。初めての世界大会であったが、運営も滞りなく行われ評価を高めた。特にメディアへの露出は予想以上であった。ニューヨーク・タイムズ、ル・モンド、BBCなど六七ヶ国から集まった報道関係者の関心は高く、大会の存在意義を世界中に発信した。

私はスウェーデン・サープミから戻った実川からこれらの詳細を聞き、このCONIFAワールドフットボール・カップこそはFC KOREAの存在にぴたりと合致する国際大会ではないかと考えた。

かつて一九六一年に朝鮮総聯のバックアップによって結成され、日本の名門実業団チームをなぎ倒して「幻の日本最強チーム」と呼ばれた在日朝鮮蹴球団というチームがあったことは何度も本書で触れた。FC KOREAはこの蹴球団の流れを汲むクラブで、現在、関東サッカーリーグ一部で活動している。名前のごとく在日コリアンのみでメンバーは構成されており（二〇一五年シーズンまで）、ほぼ全員が朝鮮高校サッカー部出身者である。スペインにおいてバスク人だけでチームを編成しているアスレティック・ビルバオのように、日本における朝鮮民族のクラブとして活動することを存在意義としている。二〇〇二年の発足当時は東京都リーグに所属していたが、徐々に力をつけて上のカテゴリーに進出、二〇一二年には全国社会人サッカー選手権大会で優勝、二〇一三年には関東リーグ一部を制している。アマチュアの最高峰リーグであるJFL昇格に目前までこぎつけている（JFLの上はJ3、J2、J1のプロであるJ

リーグとなるが、それにはホームタウンや外国人枠〈三人〉の問題があり不可能なことが自明なので、実質的にはこのＪＦＬが最高到達点となる）。創設に尽力した総監督のリ・チョンギョンは北朝鮮代表に選出されたキャリアを持ち、在日コリアンで初めてＳ級コーチライセンスを取得した人物である。安英学（横浜ＦＣ）を高校時代に指導したことでも知られる。

私は実川を伴ってチョンギョン総監督に面会を求め、ＣＯＮＩＦＡについてのプレゼンテーションを行った。総聯という組織にいながら柔軟な思考をすることで知られるチョンギョンはＦＩＦＡに加盟できない、あるいはしないサッカー協会が世界には多々あり、そのチーム同士が互いに交流を深めながら対戦する意義を即座に理解したようだった。チョンギョンがひとつだけ気にしたのが、ＣＯＮＩＦＡ主催の大会に出場したことによってＦＩＦＡの大会出場資格を剝奪されることは無いかということであった。ＦＣ ＫＯＲＥＡはＪリーガー、すなわちプロになれなかった在日の選手たちが活躍できる受け皿の場所として創設した側面があるが、そこから成長した選手がステップアップしてやがて北朝鮮や韓国の代表に選出される可能性もゼロではない。そのときにＣＯＮＩＦＡ主催の大会に出場経験があるということをとがめられて、ＦＩＦＡの主催試合には参加できないということになってしまっては選手の将来を潰してしまうことになる。かつてＩＯＣ（国際オリンピック委員会）に対抗してインドネシアが社会主義国に呼びかけて作ったＧＡＮＥＦＯ（新興国競技大会）はまさにそのような五輪参加資格剝奪という処分を伴うものだった。しかし、その点は問題が無かった。非営利団体であるＣＯＮＩＦＡはＦＩＦＡと対立関係にあるのではなく、パスポート主義のＦＩＦＡではケアーできない部分を補っているに過ぎない。イラクのパスポートしか持てないので否応無くイラク代表になってアジアカップを戦ったクルド人選手を私は数人知っているが、そんな選手のアイデンティティー（国土を持たないクルド代表）の発露の場としてＣＯＮＩＦＡワールドフットボール・カップはある。実際に二〇一四年にＣＯＮＩＦＡに出場しながらＷ杯予選に出場した選手もいたと確認をしていた。

「面白いですね。試合のスケジュールの問題がありますが、前向きに出場を考えましょう」というチョンギョンに勧められ、実際にＦＣ ＫＯＲＥＡの関東リーグの試合を観戦しに行った。二〇一四年九月一四日、関東サッカーリーグ後期八節。場所は小平にある朝鮮大学校のグラウンドでいわばホーム。対戦チームは東京23ＦＣ。順位同様に内容も拮抗《きっこう》した試合であった。しかし、後半ＰＫで1点を失い結果は0対1の敗戦。試合後、総監督であるチョンギョンは選手を集めて九〇分のハードワークを労《いたわ》った上で試合内容の総括と今後の課題を語った。選手たちは泥にまみれたユニフォームのまま円陣を組んで訓話に聞き入り、シリアスな表情を崩さない。悔しさがにじみ出ている。やがてクーリングダウンのストレッチに移行したころ、チョンギョンから「実務はこの男が一手に仕切っているので紹介します」と、山のようなチームの荷物を律儀に運んでいたひとりの人物に引き合わされた。それが、温和なまなざしでクラブを支えるFC KOREAのマネージャー、ソン・チャノであった。

FC KOREAのマネージャー

試合会場で出会ったあと、練習場である東京朝高のグラウンドに通い、チャノとの交流が始まった。チャノの半生を聞けば、彼自身はサッカー選手ではなかったが、だからこそこのチームにかける愛情の深さを持ちえていることが理解できた。

チャノは二世として川崎の朝鮮人集落・桜本《さくらもと》に生まれた。この土地は少年隊の東山紀之《ひがしやまのりゆき》が幼少期に住んでいたことでも知られる。東山は日本人であるが、近所に暮らす在日の人たちに家族のように良くしてもらっていたことを著作『カワサキ・キッド』（朝日新聞出版）で触れている。もしかすると五歳年下のチャノともどこかで接点があったかもしれない。

一家は父親の仕事の関係でチャノが初級学校二年のときに町田市に引っ越した。自動的に民族学校も三多摩朝鮮第二初中級学校に転校、生活環境が変わっても当時の在日コミュニティにおいて子どもたちの遊びと言えばサッカーしか無く、この競技にのめり込んだ。しかし、サッカー部のひとつ年上に意地の悪い先輩がいた。学年ごとにそのまま持ち上がっていく民族学校であるから、いつまで経っても上下関係は変わらない。ほとほと嫌になり、神奈川朝高に上がるときには同じチームに入ることを拒んで軟式野球部に入部する。しかし、入ってはみたものの野球に関してはまったくの素人である。球拾いに面白さを見出すことができず、三ヶ月で退部。それからは運動部には所属しなかった。それでもやはりサッカーは好きで国立競技場で行われる代表戦などには足しげく通っていた。北朝鮮代表と在日朝鮮蹴球団はチャノにとって特別な存在であった。朝鮮大学校に進学し、卒業する際は自分の進路を総聯に全て任せる「組織委託」を選んだ。現在でこそ少なくなったと言われるが、当時は真面目な学生ほど組織への忠誠の度合いの強さを示す証として、敢えて就職先の希望を述べずこの「組織委託」に身を委ねた。

チャノは教師として広島朝高に行くように指示された。就任当初は授業をすることと同時に寮の舎監の仕事も任された。寮生の中に倉敷から来たサッカー部の一年生で群を抜いて上手いFWの選手がいた。リャン・キュサというその少年は優し過ぎるほどに温和で素直な性格だった。チャノは「こんなに人が好くてはストライカーとしてやっていけないのではないか」と心配するほどだったが、キュサはその後、プロとしてJリーグのヴェルディ川崎、Kリーグの蔚山現代でプレーをするまでに成長している。

教師としての生活は充実していた。しかし、生来のサッカー好きの血が騒いでどうしてもスポーツを伝える仕事をやってみたくなった。日本のスポーツ紙は国籍がネックになって入社試験すら受けられない。総聯系のメディアとしては当時文京区白山の朝鮮出版会館に本社を置く朝鮮通信社があった。入社を願い出ると認められて職場を替わるかたちで東京に戻った。ここでの在職時、チャノは貴重な体験をしている。一九九〇年に自民党元副総理の金丸信《かねまるしん》が社会党（当時）の田辺誠副委員長と共に北朝鮮を訪れ金日成国家主席と会談し、国交正常化に向けて雪解けムードを作った。いわゆる「金丸訪朝」の際、日朝間のマスコミで相互のホットラインを結ぶ約束がなされた。これにより、北朝鮮の国営通信社である朝鮮中央通信と東京の朝鮮通信社が海底ケーブルで結ばれて二四時間、記事の配信が可能になったのである。平壌からリアルタイムで送られてくる情報をチャノは先輩社員たちと日本語に翻訳し、朝日、読売、毎日など日本の主要紙に流す作業に携わった。テレックスから溢れ出るハングルに対してチャットのように即座にレスポンスを送ることもできたことを考えると、インターネットが出現するかなり以前であり、それだけでも画期的なことであった。

チャノはこの仕事に没頭し、一九九四年の北朝鮮のＩＡＥＡ（国際原子力機関）脱退の第一報を打電するなどして情報の最前線で得がたい経験を重ねた。視野が広がり、メディアの仕事を少しずつ覚えていった。やがて出会いが訪れる。勤務する朝鮮通信社は総聯が保有する朝鮮出版会館ビルの八階にあり、二フロアー上の一〇階には在日朝鮮人蹴球協会の事務所が入っていた。エレベーターなどで出入りするうちにいつしかチョンギョンと挨拶を交わすようになった。

チャノにとって蹴球団でプレーし、北朝鮮代表にも選出された経験のあるチョンギョンは尊敬して止まないサッカー指導者であった。親交が深まると、彼と何か在日サッカーのための仕事をしたいと思うようになっていた。自分に今、何ができるか。考えた末に選んだのはスポーツマネージメントをしっかりと学問として学び直すことであった。朝鮮通信社を辞めると一念発起して大学院を目指した。調べてみると、学科としてスポーツビジネスやスポーツマーケティングを体系立てて教えているところは少なく、順天堂大学のスポーツ健康科学研究科が唯一それに当たると思われた。一年間の浪人後、受験すると見事に合格した。大学院なので通うのは二年間である。日韓W杯が直前に迫っており、その現場でできるだけ実践的なことを学びたかったチャノは二年目になると電通OBで、大学院教授になっていた間宮聰夫《まみやとしお》に頼み込んだ。

「無報酬のインターンでも良いですからJAWOC（2002FIFAW杯日本組織委員会）で働けないでしょうか」。電通の開発局時代にボクシングのヘビー級タイトルマッチでモハメド・アリ対ジョー・フレイジャーの一戦やテニスのウインブルドン、ゴルフの全英オープンなどを手がけてきた間宮はべらんめえ口調で言った。

「W杯の仕事がしたいのならJAWOCなんか行っても警察や官庁、旅行代理店なんかとの混成部隊で運営をちまちまやっているだけでしょうがねえよ。仕事の中枢は電通が握っているから、やるなら電通へ行け。俺が紹介してやるから」

間宮は電通のW杯業務部へ繋いでくれた。チャノにしてみれば青天の霹靂《へきれき》だった。それまでずっと在日のコミュニティの中で暮らしてきたために日本人の友人もほとんどおらず、仕事も一緒にしたことがなかった。それがいきなり日本最大の広告代理店の中でも選ばれた人材が集まるセクションに入ることになったのだ。周囲は全員が日本人だった。最初は緊張していたが、ここで学んだことは大きかった。上司に大井義洋《おおいよしひろ》がいた。電通のスポーツ局サッカー事業室アジア部長として活躍する大井は当時から何事も取り組み方がポジティブだった。

「ソンちゃん、待っていても仕事は来ないぞ。自分からどんどん攻めて行くんだ。ただコピーを取って来いと言われてその通りにしても、何のコピーなのか知らないと意味が無いだろう？食らい付くんだよ」

チャノは韓国語ができるという触れ込みでの入社であったので、レターや資料の翻訳の依頼が回って来るまではただデスクにいれば良いものと考えていた。しかし、大井の言葉からそれだけではせっかくの機会を無駄にしていることに気が付いた。自分は日韓W杯を司《つかさど》る機関の中枢にいるのである。ここはまさに情報の宝庫だった。部内にある書類には積極的に自分から目を通しに行った。するとあらゆることを学ぶことができた。各国代表チームが来日する際の契約書には、そこまで書くのかというほどに詳細な取り決めがあることを知った。またFIFAの通達文書からは競技団体としてのフィロソフィーや、法的な拘束力について考えることができた。スポンサーにとってのメリットはどこにあるのか、主催者側がそれを守るためには何が重要であるのか。世界最高峰の大会のノウハウを現場で学んだわけであるから、蒙《もう》が啓《ひら》かれるとはこのことだった。「自分のそれまでの人生において最も貴重な体験でした」

差別されるのではないかと構えていた日本人の社員も接してみれば皆、気持ちの良い人ばかりで「ソンちゃん」「ソンちゃん」と何かと引き回しては様々な部署や人物を紹介してくれた。「僕の方で逆に壁を作っていたのかなと考えました」。それは民族学校出身の在日のサッカー選手がJリーグのチームに入るときの感慨に似ている。大井からはスポーツビジネスに携わる者として三つのことをたたき込まれた。「時間を守れ」「会議では必ず発言しろ」「自分一人で決裁できるようになれ」

社会常識と積極性と自立心を持てということだった。ここで得た知識と経験は大きかった。

エボリューションでのビジネス経験

貴重なノウハウを蓄積することができた日韓W杯が終了し、セクションが解散するとチャノは朝鮮大学校の先輩にあたるナム・テファが経営する株式会社エボリューションに入社する。

エボリューションは、在日の北朝鮮代表選手のマネージメントを行うためにテファが立ち上げたエージェントであるが、他にも北朝鮮とのパイプを活かしたスポーツ関連のビジネスチャンスがあれば業務として幅広く手がけていこうとしていた。

チャノはここでいくつかのビジネス案件をものにする。ひとつは放映権である。二〇〇四年、ドイツW杯のアジア一次予選でタイと戦った北朝鮮は、在日Jリーガー安英学の2ゴールなどで勝利する。このときのゴールシーンを韓国の放送局に売れるのではないかと考えたのである。W杯のアジア最終予選の映像の権利は大会を統括するAFC（アジアサッカー連盟）が保持するが、一次予選の試合映像は主催したホームのサッカー協会が持っている。まずそこに目をつけたのである。そして在日三世の安英学は朝鮮籍であるが、後に彼自身がKリーグでのプレーを望んだことからも分かるように祖父母のルーツは韓国であり、マーケットはあると踏んでいた。北朝鮮国営朝鮮中央テレビから買い付けたヨンハのゴールの瞬間の画は案の定、韓国放送公社のKBSが一万ドルで買い付けに乗ってきた。金額の詰めはテファがやってくれた。

商談は成立し、北朝鮮の映像が韓国で流れたわけであるが、北朝鮮の方から韓国にこのようなビジネスを持ちかけられるはずもなく、在日のエージェントだからこそ繋ぐことができた架け橋とも言えようか。

更には、デンマークのスポーツメーカーであるヒュンメルを北朝鮮の代表チームのオフィシャルサプライヤーとして契約させることに成功する。資本主義にまだ耐性の無い代表チーム側が出した条件はひとつだけで、「韓国の現地法人であるヒュンメルコリアでさえなければOK」

というものであった。これまで北朝鮮代表はどこのブランドとも正式な契約を交わしたことがほとんどなかったが、これによりスポンサー料とユニフォームをはじめとする豊富なサッカー用品が手に入るようになった。一方で社会主義体制しか知らない選手の中にはオフィシャルサプライヤーの意味が分からない者もいて、平気でマスコミのカメラが並ぶ前に他のブランドのジャージを着て現れる者がいた。

チャノは代表チームに帯同するたびに「いいかい、外に出るときは必ずヒュンメルを着るんだ。それ以外には絶対に袖を通してはダメだ」と口をすっぱくして選手に伝えた。

エボリューションでの仕事では、順天堂大学の大学院や電通で蓄えた自身のスキルを活かすことができたし、仕事のスケールも大きかった。朝鮮半島の北と南を繋げるという在日にしかできないプロジェクトにも関わることができた。何より、スポーツに携わることを仕事にするという自分の夢の実現でもあった。

しかし、チャノはせっかくのこの安定した職場を四年で辞めてしまう。その理由をこう述べた。

「僕はやっぱりFC KOREAをやりたかったんですね。北朝鮮代表チームも在日の選手が所属しているJリーグのチームももちろん応援しています。でも自分にとって本当にマイチームと言えるのはこのチームなんですよ。エボリューションにも社長のテファさんにも感謝しています。でも退社させてもらいました。それはＦＣ ＫＯＲＥＡを支えることに全力を注ぎたかったからなんです」

チャノはマイチームのマネージャーを買って出た。しかし、ＦＣ ＫＯＲＥＡでは食べていけない。かつての在日朝鮮蹴球団は選手がサッカーのみに専念できるように在日同胞の企業などから給料を受け取るシステムが確立されており、実質的なプロチームであったが、このクラブは全ての選手が他に仕事をしながらサッカーを続けている集団で、総監督のチョンギョンでさえボランティアである。

すでに家庭を持っていたチャノには一家の柱としての責任も生じている。以降、時間の融通が利くパチンコ店や質店に勤めながらマネージャー業務を続けて来た。現在はエアコンの修理・点検の仕事をしながら、チームの運営に奔走している。

チャノのように裏方としてチームを支える人材が、ＣＯＮＩＦＡ所属の世界中のマイノリティのチームには数多くいるだろう。私はチームもさることながら、チャノもぜひ参加してそんなサッカーシーンの人々との交流を重ねて欲しいと切に思った。

ヨーロッパ選手権

二〇一五年六月、ＣＯＮＩＦＡはハンガリーでヨーロッパ選手権を開いた。前年のワールドフットボール・カップの様子を聞いていた私は取材に行くことを早い段階から決めていた。

渡航の前にチャノに連絡を取り、CONIFA本部に持っていくものとしてFC KOREAのオフィシャルユニフォームを準備してもらった。東アジアから出場したチームはまだ皆無であり、会長のブランドにFC KOREAの存在をアピールしようと考えたのである。朝鮮半島をモチーフにしたエンブレムを胸に縫い付けた赤いユニフォームをスーツケースの奥にしまい込んだ。

開催地はハンガリー第二の都市、デブレツェンであった。首都であるブダペストから特急に乗って約二時間半で着いた。ブダペストが王宮や有名な温泉を抱えた風光明媚《めいび》な観光地であるのに対して、この町は静かな大学の町という印象である。主要な産業は農業と牧畜で、ハンガリーに入る前に寄ったサラエボでイビツァ・オシムに「デブレツェンに行く」と伝えたら「ソーセージが美味《うま》いぞ」と勧められた。

会場となっているスタジアムは市の公共スポーツ施設であった。お世辞にもきれいなスタンドとは言えないが、集まった人々の熱気は伝わってきた。今回のCONIFAヨーロッパ選手権に出場したのは全部で六チーム。前年のワールドフットボール・カップに出たパダーニャ（イタリア北部）、カウンテア・デ・ニッサ（ニース市）、エラン・バニン（マン島）に加えてロマーニ・ピープル、フェルヴィデク、セーケイランドの三チームが初参加している。

何と言ってもユニークなのはロマの代表チーム、ロマーニ・ピープルであった。「ジプシー」とも呼ばれた放浪の民族ロマはヨーロッパ全土に散らばっていて、どの地域においても差別・冷遇されてきた。彼らはしかし、土地や国家に執着しない属性ゆえに一度も植民地支配や侵略をしたことがない。旧ユーゴスラビアの紛争において多くの識者は「全ての民族が被害者であり、加害者である」と総括したが、この観点にはすっぽりとロマの存在が抜け落ちている。ロマも殺されたのである。しかし、ロマは誰も殺さなかった。流浪の民であり、平和の民とも言えよう。そのロマの代表チームはドイツのデュッセルドルフにある組織テルノ・ドロムによってコーディネートされた。テルノ・ドロムはロマとの文化交流や支援を目的として立ち上がった団体で、その中のスポーツプログラムで結成されたチームが今回出場したのだ。ゆくゆくは世界中のロマに呼びかけてチームを作りたいという壮大な野望がある。

フェルヴィデクはハンガリー北部のチームである。一〇〇〇年にイシュトヴァーン一世によって建国されたハンガリー王国は広大な土地を支配していた。当時北部ハンガリーと呼ばれていた地域が、第一次大戦後にチェコに併合されてスロバキアになり、ここに住んでいたハンガリー人が追われたのである。そのような歴史を背負った人々の末えいが二〇一四年にサッカー協会を作った。

セーケイランドは紀元前からハンガリーとルーマニアにまたがる地域の呼称である。現在はほとんどがルーマニア領に組み込まれているが、その地でハンガリー語を話す人が約六一万人いる。この独自のアイデンティティーを持った民族セケラー・ハンガリアンの代表チームである。

六月二〇日、エラン・バニン（マン島）対カウンテア・デ・ニッサ（ニース市）、パダーニャ（イタリア北部）対フェルヴィデクの準決勝二試合をまず取材した。

会場は老朽化したスタジアムであり、そこに集まったサポーターの数もまばらである。しかし、ピッチに出てくる選手たちの表情の明るさは驚くばかりであった。それはサッカーの現場で初めて自らのアイデンティティーを発露させた喜びに満ちていた。予算が無くなかなか整備されない劣悪な環境の中で行われるトーナメントにそれでもこれ以上無いモチベーションで参加するのは、「俺たちがここで欲しいのはカネじゃない」という意志の表れである。フットボールが巨大なビジネスになる前の国際大会もおそらくこのような雰囲気ではなかっただろうか。ちなみに一九三〇年にウルグアイで行われたＦＩＦＡの第一回Ｗ杯には一三ヶ国が出場したが、大陸別の地区予選は無く、エントリーしたチームは全て出場できた。

デブレツェンのスタジアムは記者席らしきシートはあるものの屋根も無く、監督会見を行うスペースも無い。収容人員も詰め込んで五〇〇〇人というところだろうか。現在のＦＩＦＡの規定では、間違い無く国際試合を開催する基準に達していないとして却下されるであろう。

しかし、青空の下で繰り広げられる試合前の演出がまた新鮮で楽しい。通常キックオフ前には国歌が会場に流されるが、CONIFAの場合はこれがアンセム（ある集団に対する讃歌）に代わる。堅苦しい決まりごとは無く、各協会が「うちはこれだ」と事前に提出すればそれがアンセムとして採用される。準決勝では、フェルヴィデクが荘厳な教会音楽のようなものであったのに対してパダーニャはグループ感満載のロックンロールだった。選手の反応もそれぞれで、胸のエンブレムに手を当て目を閉じて歌う者もいれば身体をゆすってノリまくる男もいる。ふとFC KOREAなら何だろう？　やはりアリランかな、などと考えていた。前年のワールドフットボール・カップでは開会式にクルドやタミルのカラフルな民族舞踊が登場したという。

この日の第一試合は前年のワールドフットボール・カップ王者のカウンテア・デ・ニッサが球際の強さと速い展開のカウンターを武器に3対1でエラン・バニンを破り、第二試合はパダーニャが5対0でフェルヴィデクを圧倒した。パダーニャにはACミランで本田圭佑とプレーをするバロテッリの兄がいたが、どうにも足元のプレーがおぼつかずボールも回って来なかった。それでも圧倒的な強さを見せつけた。翌日の決勝では案の定4対1でパダーニャが優勝した。

初代のヨーロッパチャンピオンにはイタリア北部のアイデンティティーを身にまとった人々のチームがその座を勝ち得た。大会期間中はほぼ毎日、九〇分の試合をこなすので、スキルや戦術のみならず体力的にもタフなチームでなければ頂点を目指せないことがよく分かった。

「次の大会で待っている」

私は試合を満喫する一方で、同行した実川と共にブランド会長に取材を申し込んだ。CONIFAの創設者はホテルの自室で快く応じてくれた。

質問の内容は大会の意義や運営方式、今回の開催における妨害（ハンガリー政府は出場が決まっていたアブハジアと南オセチアの代表チームにビザを発給せず、この二チームは来られなかった）など多岐に亘った。ブランドは公式見解としてていねいに答えていたが、FIFAの腐敗について触れると、落胆を禁じえないようだった。「組織の財政についてはいつも透明性を持たせるべきだ。特にスポーツ団体ならば、そこが健全でなくては組織を継続して運営できない」

ひと通りのインタビューが終わり、いよいよ本題に入った。

FC KOREAについては、実川がすでに会長のブランドに、どのようなクラブであるかを伝えていた。しかし、「在日コリアン」というものが果たしてどのような存在であるのか、ヨーロッパの人間であるブランドに理解されるかどうか不安はあった。けれどそれは杞憂だった。

地続きゆえに幾度も国境が変わり、その度、幾多の民族がはじき出されて辛酸を嘗めた歴史を持つ大陸に住み、なお且つ苦渋の半生を強いられたサーミの人間であれば、朝鮮半島と日本の歴史について詳細な知識はなくとも少数者としてのその境遇に思いを馳せる想像力は豊かであった。

ＦＣ ＫＯＲＥＡのユニフォームを受け取ると「ＣＯＮＩＦＡはＦＣ ＫＯＲＥＡの参加を心から歓迎する。次の大会で待っていると伝えて欲しい」と語り、ビデオカメラに向かってメッセージまで発してくれた。

二〇一六年のＣＯＮＩＦＡワールドフットボール・カップの開催地は一九九二年にジョージアから独立したアブハジアに決まった。

帰国後、チャノに映像も見せて報告した。

「それぞれのチームと背景は違いますが、ＣＯＮＩＦＡでうちの選手に世界を知ってもらいたいですね」。早々に総監督のチョンギョン、そして在日本朝鮮人蹴球協会のリ・ガンホン理事長に話をしたいという。

ガンホンは以前、私がＣＯＮＩＦＡの存在について知らせると「そういう大会ならば在日Ｊリーガー選抜で一チーム作って参加できないだろうか」と真剣に考えたことがあった。ガンホンにとって育成世代のためにも在日の最強チームの結成というのは大きな夢としてあった。ＣＯＮＩＦＡという恒常的な目標設定ができるのならば結成する意義も出てくる。

しかし、これは開催時期が六月ということもあり、安英学にせよ梁勇基にせよ、所属するJリーグのクラブが、W杯予選でもない大会のために彼らを手放すことは考えられないということで見送られた。

やはりFC KOREAが在日コリアン代表チームとして出場するのが最も現実的であった。チャノは「組織として前向きに考えて一〇月末に締め切られる二〇一六年の大会エントリーには申し込みます」と言う。

チームとして出場する意志が決まれば、次は関東サッカーリーグの理事会に翌年のスケジュールについての意見を提出しなくてはならない。六月にこういう世界大会に出場するのでその間の調整を願い出るのである。

もちろん、選手たちもこの大会に臨むということになれば勤め先などに休みを伝えなくてはいけない。どの程度有給休暇などが取れるのか。またアブハジア国内の移動や宿泊費、食費はCONIFAが手配してくれるが、それ以外、つまり渡航費は各チームが負担しなくてはならない。裏方も含めれば二〇人は海外へ移動する。その財源をどうするのか。

解決すべき問題はまだいくつかある。しかし、FC KOREAは少なくとも在日コリアンの存在を世界に向けて発信すべく、CONIFA出場へと舵を切った。

在日統一コリアン蹴球協会

二〇一五年一〇月二四日。チャノから参加希望表明書が送られてきた。CONIFAに提出する書類にはチーム名と同時に協会名を記す必要がある。それについてチャノはこう書いてきた。

「協会名ですが、FC KOREAの代表の李清敬《リチヨンギヨン》と相談した結果、下記の通りとなりました。United Korean Football Association in Japan。現在、日本には『在日本朝鮮人蹴球協会』（筆者注：北朝鮮を支持する総聯系の協会）と『在日本大韓蹴球協会』（筆者注：韓国を支持する民団系の協会）があり、正直に申しまして我々はどちらの協会にも正式に所属するものではありません。勿論、クラブのルーツは『在日朝鮮人蹴球団』にあり、『在日本朝鮮人蹴球協会』関係のクラブと思われても致し方ありませんが、現在のFC KOREAは、北も南も一切関係はなく、二つの蹴球協会の指導、指示を仰ぐものではありません。我々のクラブには北も南もなく、どちらかの協会のチームとして世界大会に出場するのは本意ではありません。何故なら、我々にとって祖国は南でも北でもなく『統一朝鮮』だからです。なので、名称の前に「United」を付け、北も南もない全ての在日コリアンを代表するという意味を込めました。

それでは、今後とも何卒よろしくお願い申し上げます。

ＦＣ ＫＯＲＥＡ
マネジャー　ソン・チャノ」

「二つの蹴球協会の指導、指示を仰ぐものではありません」。門外漢ながら、チョンギョンとチャノのこの判断を批判する勢力があるのではないかと想像できた。それでも彼らは政治に囚われることなくコリアはひとつだというメッセージを発信する意義を感じて「在日統一コリアン蹴球協会」の名前を冠した。そこにまたサッカーに携わる人間の勇気と可能性を見る。これは在日のサッカーチームにしか成し遂げられない大きな仕事である。ＣＯＮＩＦＡでぜひそのプレゼンスを発揮して欲しいと切に願う。

第八章　日本人オンリー

JAPANESE　ONLY

二〇一四年三月八日。私はその事件をサラエボで知った。テレビドキュメンタリーの仕事を終え、早めの夕食をグルバビッツァスタジアムの並びにあるレストラン、ネレでオシムと一緒にとっていたときだ。

内臓の煮込み料理を食べていると、携帯に友人の女性ライターからメールが入った。

「こういうの本当にいやだ」というメッセージの横に「JAPANESE　ONLY（日本人以外お断り）」と記された横断幕が日章旗、旭日旗と前後してゲートに掲げられている写真が添付してあった。日本との時差は七時間あるので事件が起こってかなり時間が経っていた。ネットでサーチをかけると概要が分かった。この日行われたJリーグ第二節浦和レッズとサガン鳥栖の試合において埼玉スタジアムのホーム側ゴール裏２０９ゲートの入り口にこの差別的な横断幕が掲げられたのである。

曇った顔をしていたのであろう。オシムが「どうした？」と聞いて来た。

「サモ・ヤパンチ（日本人だけ）」

ユーゴスラビア代表監督時代にスタジアムで散々、差別や憎悪の感情を浴び、それを押し止めようとしてきた男はこの言葉だけで十分分かったようだった。

「浦和はお手本になるべき素晴らしいクラブなのに……」。以前から、埼玉スタジアムの雰囲気を絶賛していたオシムは落胆とも失望ともとれる表情を浮かべた。

その後、浦和レッズは無観客試合という大きなペナルティを科せられる。毅然と制裁を下したこのときの村井満Ｊリーグチェアマンの行動は極めて迅速で的確であった。

しかし、私はこの無観客試合を伝える報道に大きな違和感を覚えていた。ほとんどが、その差別の本質にフォーカスしない、情緒的で玉虫色の散文に終始していた。すなわち事件の背景にはまったく触れずに、観客のいない試合を感傷的に描くものがほとんどであった。「ＪＡＰＡＮＥＳＥ　ＯＮＬＹ」の横断幕は人種差別の意図を持ち、属性で人を排外するヘイトアピールであった。ではこの言葉の刃はどこに向けられたのか？　多くの記事はクラブの「ゴール裏に最近外国人が多く入って来て応援の統制が取れないから」という公式見解をただ流していたが、そうではないだろう。はっきりと書いておこう。日本国籍を取得しこの年から浦和に移籍した在日韓国人選手李忠成《りただなり》に向けてではないか。李がレッズに移籍してくるという噂が流れ始めたころから浦和関係のネット掲示板では酷いヘイトが撒き散らされていたのである。端的に言えば「帰化しようが何しようが朝鮮人は朝鮮人」「浦和に朝鮮人選手は要らない」という言説が充満していた。そしてそのことはほとんどの記者もサッカーライターも知っていたはずではないか。何よりも選手である槙野智章《まきのともあき》がしっかりと反応し、自らのツイッターで「浦和という看板を背負い、袖を通して一生懸命闘い、誇りをもってこのチームで闘う選手に対してこれはない」と勇気を持って指摘している。事実、事件の後、何かが起きない限り、めったなことでは動かない警察が危険を感じて李の自宅を警備に来たのである。李忠成の父親である鉄泰は当時の息子の様子を二〇一六年に行われた『サッカーと愛国』（清義明著）出版記念のイベントの中でこう語っている。「忠成は自分はもうレッズを辞めなくてはいけないのかとショックを受けていました。私は息子に『辞めるのは簡単だが、ここで逃げたら、どこのクラブに行っても負け犬のままだぞ。ここから這い上がれ』と言いました。一度、彼は地獄の底まで落ちたのです。でもそこからがんばってくれました」

事件の後に李が浦和から移籍する道を選ばず、どんなに傷ついても残留して結果を出すことを決意したのは、「もしもここで自分がクラブを出てしまったら、レッズが『結果的に差別を許してしまったクラブ』という目で見られてしまうのではないか」という思いがあったからだと私は近しい関係者から聞いた。その伝《つて》で言えば、李は辛いヘイトを浴びせられながら、身を挺して浦和レッズを救ったとも言える。しかし、そこまで踏み込んで言及したメディアはなかった。

なぜ報道は厳罰を招いた最も重要な「意図」に触れずに一般論に矮小《わいしょう》化して問題の原液を薄めようとするのだろうか？

観客の一人も入っていないスタジアムは当然ながら寂しいし静かだ。しかし伝えるべき肝はそういう「風景」ではないだろう。まず鏡に映ったグロテスクな自分の姿（これはもちろんJリーグを伝える私たちメディアも含めた自分である）を直視してから歩みを始めるべきだ。過去、ブラジル人の闘莉王《トゥーリオ》や三都主《サントス》アレサンドロが日本のパスポートを取ったときにこんな事件が起こっただろうか？　否である。むしろ、浦和サポーターは彼らを「外国人」と揶揄《やゆ》した高名なサッカーライターをしっかりと批判していた。日本人は南アフリカのアパルトヘイトや旧ユーゴスラビアの民族浄化にはいともたやすくNOと言える。それがコリアンが相手となると、途端に不寛容になる。

私は横断幕を掲げた当事者に直接話を聞きに行こうと動いた。これまで彼らの一切の肉声が伝わって来ていないからだ。なぜ、「JAPANESE　ONLY」を掲げるに至ったのだろうか、日韓戦の因縁なのか、あるいは個人的な嫌韓感情なのか。そして今、何を思っているのか。一緒に酒でも飲みながらその行動の経緯を知りたかった。もしかしたら、新しい事実が発覚するかもしれない。普段の私ならツテをたどって人物を特定し、自宅のインターフォンを押していた。しかし、古くから信頼する浦和サポーターの友人に止められた。「今は止めましょう。時期が来たら、そのときは必ず木村さんに紹介します」。その日を待っている。

三月一五日、FC KOREAのマネージャー、ソン・チャノは事件についてブログにこんな文章を寄せている。

「これがもし、李忠成選手に対するものであるならば、槙野選手が言うとおり、本当に『残念な事』です。在日コリアンが日本人に帰化して、日本代表を目指すという決心を下すのは、決して簡単なことではありません。在日コリアンの中には、帰化に反対する人も多く存在し、かく言う私も今の日本の法制度にて帰化をすることには反対です（理由は長文となるので省略します）。それでも、李忠成選手は帰化して、日本代表で戦うことを選択しました。これは個人の自由ですし、その意思は尊重されなければなりません。その李忠成選手が、自分が所属するクラブのサポーターからも受け入れられないとしたら、李忠成選手は一体どこに帰れば良いのでしょうか？　李忠成選手の『ホーム』は一体、この日本のどこにあるのでしょう？　もし、上記のような差別的行為が本当に李忠成選手に対してのものであるならば、浦和レッズには引き続きこの件に対して、徹底的に調査し、報告して欲しいと思います。浦和のサポーターは過去に、ベガルタ仙台の梁勇基選手にも差別的な発言をして、クラブがけん責、制裁金を受けたことがあります。もう二度と在日コリアン選手に対するこのような差別は、Jリーグで見たくありません。最後に、李忠成選手にお願いがあります。早くゴールを入れて下さい。そして何事もなかったように、ゴール裏のレッズサポーターとともに喜びを分かち合って下さい。何故なら、ほとんどのレッズサポーターは、あなたのゴールを待ち望んでいるのだから」

高校ラグビーでトンガなどからの留学生がいる日本の学校をやゆする同胞に対して「それこそ差別じゃないか」と熱く諭すチャノらしい温かいコメントである。チャノは今の日本の帰化制度には反対の立場であるが、それでも個人の選択には敬意を払い、忠成の置かれた立場を思いやる。そしてレッズサポーターの良心を信じてくれている。

確かに酷い事件であったが、中には希望もあった。

「我那覇選手は、サッカー界の問題によってドーピング違反の冤罪を被《こうむ》ってしまいました。しかし、我那覇選手を窮地から救い出したのもまた、チームドクターたちをはじめとするたくさんのサッカー界の人たちの力です。そういう人たちがいるサッカー界には、輝ける未来があると思います」（拙著『争うは本意ならねど』より）

我那覇和樹《がなはかずき》（カマタマーレ讃岐）がかつてCAS（スポーツ仲裁裁判所）で勝訴して潔白を証明した際、上柳敏郎《うえやなぎとしろう》弁護士が言ったこの言葉を今回の事件に当てはめると「浦和レッズは一部のサポーターの問題によって、大きなペナルティを被ってしまいました。しかし、そのレイシズムの問題を指摘し、自浄作用を促したのもレッズのサポーターでした。そういう人たちがいる限り、レッズには再建されるべき未来があると思います」

レッズサポーターの自浄作用

「JAPANESE　ONLY」の横断幕が出た際、これを明らかな差別表現であると問題視し、ツイッターで中継したレッズサポーターがいる。

海野隆太《うみのりゅうた》。ある大手金融会社で広報の仕事に携わっている人物である。海野は問題となった横断幕を観戦に訪れて発見した段階から、事態の重要性を理解し発信していた。海野が指摘しなければ、おそらくこの問題はクラブ側に注視されることもなく解決に向けての舵取りもなされなかったであろう。その意味では海野はレッズの歴史に残る大きな自浄作用の役割を果たしたと言えよう。

多忙な時間の合間を縫ってインタビューに応じてもらった。

――今回のレイシズム事件をサポーターの側から目の当たりにされたわけですが、そのバックグラウンドをどのように見ていますか。

「民族差別のヘイトなヤジなんかは常識的に考えると口に出すこと自体憚《はばか》られるじゃないです

か。でも過去、コアサポーターの一部にそういう風なことを平気で言う人たちがいてそれなりに声が大きかったです。憚らない空気みたいなものはたしかにあったかなと思います」

――ただそれも当初は日韓戦などのサッカーの文脈においてということでしょうか。

「はい、それは対抗意識の上でそうでした。で、あとは浦和のユニフォームを着たら自分たちのチームの選手だから応援するんだという気持ちは徹底されてはいたと思います。だから今回、李君が入団してきて、ああいう風なものを出してしまった、あるいはそのブーイングを出してしまったということに対しては本当に残念に思いましたね」

――レッズは過去一九年間、韓国人選手を採らなかった。そのことに対してはどう考えていましたか。

「チームとしての強化方針もいろいろ違うじゃないですか。だからそれによって使わないのなら、別に構わないと僕は思うんです。その方針の中で予算と実力に見合う選手がいなかったから採らなかったというのは全然アリです。ただ、そうじゃなく、他の何かの力が働いてる、それが国籍に関するもので、しかもクラブの方針としてではなくて一部のサポーターから言われたからというのであれば、それは本末転倒だろうと思いますね。もっと言うと、Jリーグっていろんな外国人選手がいますけど韓国人選手の力って大きかった。今もそうですし、韓国人選手、あるいはその在日の選手に救われてきたクラブってすごくたくさんありますよね」

――強化は予算も絡むクラブの専権事項ですから、そこはサポーターに対しても毅然とすべきですね。

「今までの問題を起こしたサポーターとの対話のやり方も問題がありました。二〇一〇年に在日朝鮮人の（ベガルタ）仙台の梁勇基選手に対して差別的な野次を飛ばしたり、ペットボトルを投げたサポーターがいて、クラブはJリーグから制裁を受けた。しかし、公式には当事者を特定できないという理由でそのサポーターを咎《とが》めなかった。四年前からレイシズムの問題はあったわけで、当時、きちんと処罰をしておけば今年（二〇一四年）のこんな大きな問題にはならなかったと思います」

――今回の事件を検証する意味で海野さんのサガン戦の日の動きを振り返って頂けますか。

「寝坊して一六時五分のキックオフに間に合わなくて、着いたのが確か二〇分ぐらいだったです。コンコースの中に入ったら、いきなり目の前にあの「JAPANESE ONLY」があった。時間もはっきり覚えています。一六時二五分。最初は書いてある言葉と意味が頭の中で繋がらなかった。で、よく見ると隣に日の丸と旭日旗があった。あ、これはもうそういう意図なんだと感じました」

――その段階で写メを撮って問題の提起をされていましたね。

「写メを撮ってツイッターにあげたのは、告発とか問題提起というよりは、もう叫びみたいなものでした。なんでこんなものがここにあるのかっていう。で、もうこれを放置するのは絶対にダメだと思ったわけです。だから、これはちゃんとクラブの人に伝えないといけないと動き始めました。初めてだったのでとまどいはあったのですが、委託されてる警備会社の責任者の人と直接お話ができました。で、あれはもう人種差別だから問題です、場合によってはJリーグから処罰を受ける可能性があると伝えました。李君の話とか仙台戦でも梁君のことでやらかしてるから、これ本当にマズイから、なんとかして下さいよというのをハーフタイム中に話をしたんです」

——当初は一人で指摘したんですね。

「はい。で、その話してる間にそれを見た通りがかりの浦和サポの方が何人か一緒に抗議をしてくれました。その時に警備の方がじゃあわかりましたと。あれを掲げたサポーターグループの人と話をしてみますと仰ったので、お願いします、と伝えました。常識的に考えてあんなものをこのまま放っておくなんてことはないと考えて、僕は試合に戻って観戦していました。ただどうしても気になって後半三〇分位に、ゲートの方に戻ったら、それがまだ残ったままになってたんでびっくりしました。これこのままなんですか？　と言うともう試合始まってるんで下ろせないんですと言われました。正確にはクラブ側からは撤去の指示が出ていた。でも下ろす際にはサポーターの同意を得てからということだったそうです。僕もクラブ側の意向でなんでもかんでも強制的に外すのがいいとは思わない。ただ今回のみたいなものはそんな悠長なことを言ってられるものじゃないじゃないですか」

――サッカーを、Jリーグを壊しますね。

「はい。Jリーグ自体を破壊しますね」

――「川淵三郎《かわぶちさぶろう》は独裁者」とか横断幕を出すと、真っ先に強制的に外されるじゃないですか。

「そう。そういうのは警備員飛んできますよね。だからそのぐらいのビビッドな反応があるのかと思ったらまったくなくて逆にすごく意外でしたね」

――最初に出たクラブの見解というのが、ゴール裏に外国人が入ってきて応援の統制が取れないからという意図で出された、と。それは誰も信じないと思う。もう明らかに李に対してだし、槙野があういう勇気あるツイートしたというのは、彼もわかっている。

「だって選手が一番直面してるわけだから感じますよね。感じないわけがない。現場で忠成のゲーフラを掲げようとして、周りのやつらに下ろされたっていう人たちもいますし、それはもう意図は明らかですよ。今までこういう差別的なブーイングがあったとか、こういうゲーフラが掲げられてたっていうのは噂レベルでは聞くけど、はっきりと証拠が残ってるケースって実はあんまりなくて、処分もされないし、うやむやにされることがすごく多かった。だからそういう意味も含めて、しっかりとこれは写真に残して検証できる形にしとかないといけないと頭を切り替えました。もうクラブ側が横断幕を下ろさないという判断をした段階で、はっきりとこのやりとりも全部自分の中で覚えておいて、きちんと後でまとめようと思ったんです」

――それでリアルタイムでツイッター発信したんですね。

「それぐらいやらないと、今まで問題のあるサポーターとクラブ側はずっとなぁなぁでやってきたから、絶対に変わらない。今回もクラブが処分しないんだったらもうＪリーグが処分するしかないだろうという風に思って、あの経緯をきちんとまとめたんです」

――匿名での心無いバッシングもあったと思いますが、あれがきっちり出たことによって、誰が何と言おうとレッズを正しい方向に導いたと思いますね。そしてＪリーグの動き。

「僕も本当に今回の村井チェアマンの対応には心から感謝していますね」

――もうひとつ私が思うのは、この問題がここで留《とど》まってしまうことですね。ここで浦和がしっかりと対応して差別をなくすと。それは素晴らしい。ただ差別にノーというのなら、スタジアムだけじゃなくて、そこからもっとリアルな空間にまで広げていかなきゃいけないというのが私の意見です。醜悪な排外デモが公道で行政の許可をもらって行われている現実も見ないといけないと思うのです。嬉しいことにそういうヘイトスピーチの現場に浦和サポが数多くカウンター活動にやって来ている。「ＵＲＡＷＡ　ＡＧＡＩＮＳＴ　ＲＡＣＩＳＭ」のマフラーを多く見ます。

「そうですね。最低限サッカー界として、あるいはクラブとしてやるべきことはやった。それはもうきちんと評価をするべきで、特にあのＪリーグの毅然とした対応に関しては、はっきりとサッカー界は人種差別を一切許しませんよ、というメッセージを発信した。それはひとつは社会に対してのメッセージかなと思います」

第九章　CONIFAワールドフットボール・カップ②

FC KOREAの挑戦

ソチの空港でモスクワからの便を待ち受けていた。二〇一六年五月二九日二〇時一〇分。これから到着するFC KOREAの選手団を伴ってCONIFAワールドフットボール・カップ（World Football Cup。以下CWC）に出場するべく、開催地アブハジアに向かうのである。生まれた国や自身を取り巻く境遇のために国際試合に出場できないフットボーラーのために創設されたCONIFA。在日という国は無いけれども在日という人々は確かに存在する。これこそ在日コリアンの出場すべき大会ではないか。FC KOREAのマネージャー、ソン・チャノに第二回大会があることを紹介すると、日韓W杯を電通のスタッフとして体験し、国際大会の意義を深く知るチャノもすぐに参加したいと前向きな姿勢を示した。チャノ、第一回CWCを取材した盟友・実川元子、私の三人は前年末に話し合い、FC KOREAを世界大会へ導く動きが始まった。ここから実川が、水際立った行動力を発揮する。二〇一六年一月にイタリアのベルガモで行われたCONIFAの総会に自費で単身乗り込むと、理事たちを相手にFC KOREAの存在と意義について熱弁をふるう。「日本には差別なんてないでしょう」という海外メディアからの言葉が彼女を奮起させていた。その熱いプレゼンテーションは奏功し、CONIFAへの加盟と東アジアのチームとして初となる第二回大会の出場権を勝ち取って来たのである。加盟に際しての団体名は United Koreans in Japan。北も南も無い。我々は統一された同じ在日コリアンのチーム、という意味を込めてつけられた。「(分断されたものに)サッカーで(友情の)橋を架ける」というCONIFAの理念そのものを表すようなネーミングが、称賛とともに理事たちに受け入れられた。帰国後、実川は自ら旅行説明会を開き、今回の開催地であるアブハジア共和国がどんな国であるかを選手たちに説明した。それは重要なことであった。一九九二年に旧ソ連のジョージアから独立宣言をした新興国で、独立後もロシア、ニカラグア、ベネズエラ、ナウルを除く世界の全ての国から未承認であること、日本とも国交は無く、外務省は「危険度4」というイラクやシリアに匹敵する危険な地域として設定しているが、治安に関しては国が威信をかけて保障していること、行き方は国交のあるロシアのソチからバスで国境を越えて首都スフミに入ることなど、退避勧告が出されているために日本人バックパッカーでもほとんど行かない未知の地域のことを、チームに対して丁寧に説明した。一方で実川はアブハジア外務省にビザの円滑な発給を迫り、CONIFA事務局にFC KOREAに不利な試合日程の変更を認めさせた。

第二回CWCはFC KOREAが所属する関東リーグがちょうど中断する期間での開催であったが、最終節五月二八日の翌日に飛んでも開会式には間に合わない。試合日程は変更できたが、セレモニーには誰か参加しないといけないということで、チャノと実川が先乗りし、私は一日出発を遅らせて、選手を経由地であるソチで迎えて引率して行くという役割を担った。チームには北朝鮮パスポートを持つ選手が数名いて、ロシアビザを取得するためにはソチのホテルに一泊しなくてはならず、そのケアを担うのである。出発直前には、一泊分のホテルバウチャーはあくまでもビザ取得のためのものなので、必ずしも泊まらなくても良いのではないかという情報が旅行会社からもたらされたが、それも断定できる確実な情報では無く、現地に行ってみないと分からないというものであった。初めて見るパスポートの場合、入国管理の担当者によって対応が変わることがままある。私は安英学がヨーロッパへの移籍を希望してスペインの空港に降り立った際、ヨーロッパ二六ヶ国への渡航が許可されるシェンゲンビザを保持していたにもかかわらず、入管の役人が北朝鮮パスポートの存在を知らず、四〇分近く別室で待たされたという事実を聞いていた。万が一、宿泊の実態が無いことを理由に国境で押し戻された場合も考えておかなくてはならない。宿泊予定のホテルを確認し、国境周辺のタクシーも当たりをつけておいた。

選手を乗せた便が到着したとの表示がフライトインフォメーションに出たころ、ようやくCONIFA事務局からの迎えのボランティアスタッフが来た。「遅ぇーよう！」と言いながら初対面の挨拶を交わす。相手は若い学生で、「自分はアブハジア人で、アブザ」と名乗った。到着ゲートが開き、チームのフードアドバイザーの與儀亜吏沙を先頭に選手が出て来た。與儀は沖縄出身の日本人。初めての海外旅行がこのアブハジアという難国でありながら、選手のビザ取得などに奔走して来た。メンバーは総監督が出発の直前に行けないことになり、急遽指揮官に指名されたユン・ソンイ、ホ・リャン、DFのシン・ヨンギ、シン・キヨン、MFコウ・チソン、カン・キソン、キム・ガンウ……。嬉しかったのは安英学の浪人時代の練習パートナーであったパク・トゥギが始めた草サッカーリーグ、通称Tリーグの出身者が何人もいたことだ。そして日本人の相葉翔太、谷山健《たにやまけん》、秋元海人《あきもとかいと》。FC KOREAは、二〇一六年から加入選手の規定においてルーツを朝鮮半島に持つ者という条項を外していた。チャノは言う。「民族の壁をサッカーで自由に越えるということ。在日コリアンのためのクラブという理念さえしっかりしていれば、オープンにする方が自然だし、そんなことで自分たちのアイデンティティーは崩れるものではない」。民族という壁の中にいるのではなく、外とも往還する橋を架けて、在日コリアンのクラブとして戦うという決意の者ならば、何人であろうが門戸を開けるという発想である。私もこの本人では選びようがない「血」ではなくあくまでも「理念」を重視する寛容な考えに賛成である。枠を外すことで応援をやめる人がいるかもしれないが、もっと多くの人に応援される可能性が広がる。同様にJリーグも各クラブに一名しか認めていない在日選手の枠を撤廃すべきである。

選手たちは、ソチ五輪のオブジェの写真撮影もそこそこにコンディショニングトレーナーの吉田薫《よしだかおる》を先頭にバスに乗り込んだ。車中、国境に着く前に隣の席のアブザにボーダー越えのポイントを伝える。メンバーは北朝鮮、韓国、日本のパスポートをそれぞれ持っているので、それをまず混乱させないように審査官に伝えておこう。アブザは最初は理解できなかったようだ。「何で選手のパスポートが三種類なんだ？　コリアンジャパニーズだから日本のパスポートじゃないのか？」「そうじゃない」「韓国じゃないのか？　日本と北朝鮮は国交が無いと聞いたぞ」「アブハジアと日本も国交は無いだろ。でも来ただろ」「うっ」。サンフランシスコ講和条約以降の在日コリアンの歴史を説明する時間は無いが、さすがにCONIFAのスタッフだけあって他の参加国の事例を思い出して最後は飲み込んだようだった。特にヨーロッパでは民族はエスニックグループとして存在していて、国籍とは関係が無いというコンセンサスがある。

「メンバーリストを出せ」

ロシアとアブハジアの国境にある検問所が見えて来た。バスから降り、荷物を携えてパスポートコントロールに一人ずつ並ぶ。ここでもしも追い返されて試合当日の朝になってソチからスフミに向かうのではコンディションにも大きく影響する。チームスポーツであるサッカーにおいて海外遠征初日に、他のメンバーと同宿できないとなっては心身ともに疲弊する。それでも北朝鮮パスポートを持つメンバーの一人、GKのリ・チェグンは「この国籍を選んだときから、あの地で何かが起これば跳ね返って来ます。こういうことは受け入れるしかないと思っていますから」と言う。拉致も核実験もチェグンには何の関係も無い。時間はかかったが、何とか全員がイミグレーションを通過した。ホッとしたのもつかの間、バスに乗り込むとオフィサーが、ストップをかけて来た。「まだ動くな」。何やら照合している。ここから個別の面接などされたら、時間を大幅にロスする。大会の招待を受けた集団であることを強調すると、「この集団を示すメンバーリストを出せ」という。輿儀からリストを受け取り、三種類の国籍を記して渡す。「何度も国境を越えたけど、こんなことは無かったぞ。トゥー・マッチだ」。アブザがナーバスになりながらも「ディアスポラ」という単語を駆使して必死に説明している。何としても全員で入国したい。オフィサーが事務所との往復を繰り返し、ようやくOKが出た。進路を阻んでいた遮断機が上がり、バスが進み始めると車中で拍手が巻き起こった。仲間を思いやる気持ちが伝わって温かい気持ちになった。アブハジアに入れば、あとは待ち受けたパトカーが先導して一気に向かった。とは言え、選手村となっているアイタールまではさらに二時間近くかかり、結局ホテルにチェックインしたのは深夜〇時であった。チャノがフロントで部屋割りを伝え鍵を渡す。日付が変わればすぐに三連戦である。

アンセムはアリラン

五月三〇日。初戦の相手はハンガリーとルーマニアにまたがるトランシルヴァニア地方に暮らすセーケイ人の代表チーム、セーケイランドであった。セーケイ人はハンガリーのエスニックグループのひとつで一三世紀にハンガリー国境の防人《さきもり》として派遣され、普段は農耕生活に従事しながら、有事の際には武器を取って戦ったという勇猛果敢な民族である。ハンガリー（マジャール）人とは別の民族とされながら、長きにわたり地域に根差して生活をして来た。第一次大戦が終わると、戦勝国ルーマニアによって国境が書き換えられ、トランシルヴァニアの居住地域がルーマニアの一部にされてしまった。それでもセーケイ人たちは、母国語とするハンガリー語で子どもたちの教育を続け、独自の文化を保持している。ちなみにアイルランド人の小説家ブラム・ストーカーの怪奇小説『ドラキュラ』では、この吸血鬼はセーケイ人という設定になっている。現在はルーマニアの少数民族としての自治権を求めながら、アイデンティティーをゆるぎないものにしている。青地に銀色のストライプが入り、月と太陽が描かれたセーケイランドの旗はときに国境問題などでは緊張感を与えるものとされるが、デザインそのものは非常に清々《すがすが》しい。

サッカーシーンで言えばかつての勢いがなくなったとは言え、ハンガリーは一九五〇年代にはマジック・マジャールの異名を誇った古豪であり、ルーマニアもまた九〇年代はゲオルゲ・ハジを筆頭にひとつの時代を築いた。

FC KOREAにとっては初めてのヨーロッパのチームとの対戦であった。スタジアムには三八度線の無い朝鮮半島の意匠を描いた統一旗がたなびき、アンセムにはアリランが流れた。これは世界大会では一九九一年に千葉の幕張《まくはり》で行われた世界卓球選手権以来の出来事である。

アリランを聞きながら、GKのチェグンは「ああ、こういうことか」と思ったという。「W杯のようなビッグな大会ではないですけど、今の僕らにとっては最高の大会じゃないですか。そこでアリランを聞くというのは、ほんまに痺《しび》れました」。東大阪で生まれ育ったチェグンは元々MFの選手であったが、大きな身体を見込まれて、成長するにしたがってGKのポジションを勧められた。柄に似合わずかつては極度の人見知りで人前で話すことが苦手だった。それが、GKをやり始めたことで変わっていった。最後尾からのコーチングをする上で、フィールドプレイヤーとのコミュニケーションの大切さを嫌と言うほど痛感したのである。黙っていては、ピッチ上の危機管理はできない。そして、ただ声を出すだけでは選手は動いてくれない。この人はどういう性格なのか、どういう口調で言えば、心に響くのか。普段の生活から観察する癖がついていった。その観察眼は同時にまたサッカーの戦術を研究することに繋がった。正しいコーチングをするためには、闇雲に声を出すのではなく、盤上に見入る棋士の如く相手の意図を読む必要がある。大阪朝鮮高校時代はヨーロッパのサッカーを見ながら、あらゆるシステムやフォーメーションをノートに書き込んでいった。

相手チームのデータが無いCONIFAの大会に出場するにあたり、チェグンは独自のスカウティングを行うことにした。前半の一五分で自らのキックを蹴り分けて、敵のフォーメーション、ストロングポイントを探るのだ。キャッチしてのキック、あるいはゴールキックになる度に相手陣内のセンターバック、サイドバックにそれぞれ当てて特徴を摑み、味方のどのFWが、どのDFと相性が合うかを観察した。セーケイランドについては、FWの堂々たる体軀を見て「こいつをターゲットにして（ボールを）当てて来るな」という直感があった。

試合が始まると案の定、高くて速いトップの選手をめがけて、最終ラインからロングボールが蹴られて来た。空中戦に巻き込まれると、頭二つほど低いFC KOREAが不利になることは自明だった。チェグンは、DFの選手に蹴らずに繋ぐということと、ラインを高く保つことを伝えた。監督代行のユンの考えもまたシンクロしていた。「体格では勝てないが、東アジア特有のアジリティを効かせたやり方で試合に入れば対応できる」、そして「攻撃はサイドのアン・ソンテとチョン・チャンフィの側の崩しが有効なので、ここで行けると思ったらバランスを崩してでもいいから一気に攻めろ」と指示を出した。試合は後半、ユンのプラン通りの展開になった。五九分、左サイドを攻め上がったチョン・チャンフィのクロスをFWのアン・ソンテが折り返すと、スペースに走り込んでいたリ・ソンチョルが頭で食らいついた。ネットが揺れ、赤いユニフォームが疾走するのがスタンドから見えた。

記念すべき初ゴールを決めたソンチョルは北海道朝鮮高校時代、全国の朝鮮学校で唯一人の日本人教員藤代隆介《ふじしろりゅうすけ》の指導を受けた選手である。郡山の中級学校にいたソンチョルは、藤代の講演を聴いてこの人とサッカーをしたいと思い札幌に渡って薫陶を受けた。朝高で教えようと考えた藤代もそれを受け入れた北海道の学校もまた大きな英断であったであろう。しかし、この決断によって日本人と在日朝鮮人の関係が確実に前に進んだとも言えよう。

先制したことでチームは落ち着いた。相手が蹴ってくる長いボールにも冷静に対応し、危ない局面を作らせることなくそのまま試合終了。国際試合初戦にして勝利を挙げることができた。実はこれが、今シーズン初勝利であった。FC KOREAは世代交代の過渡期にあり、関東リーグでは九試合戦って九敗していた。もちろん、セーケイランドのレベルが低いわけではない。

身長差のみならず、膝下がぐっと伸びてくるリーチの長さ、キックのパワー、走力、どれをとっても選手たちが「強くて、でかいのに速い。カルチャーショックだった」というほどに日本国内では戦ったことのない水準のチームである。「実はアブハジアに来る前は自信を無くして少しビビッてた部分もあるんです。こんなんで国際大会に出たら、どんなことになるんやろう、と。でも点を取ってから、気持ちがついて来て皆も声が出だしてようやくチームがひとつになれた気がしました」（チェグン）。二〇時間に及ぶ移動の翌日でコンディションもいいはずが無い。しかし環境が変わったことで、チームは覚醒した感があった。セーケイランドは、前日も敗れていたために二敗目。ＦＣ ＫＯＲＥＡのグループリーグ突破がこれで決まった。

プロが揃ったクルディスタン

翌五月三一日、二戦目はクルディスタン。クルド人はトルコから中東にかけて分布する国家を持たない世界最大の民族で、総数は約三〇〇〇万人と言われている。ペルシア、アラブ、トルコの文化圏がぶつかる山岳地帯に居住するが、今回の代表チームはイラクのクルド人地域に暮らす選手たちによって構成されている。

私は二〇〇四年に、イラク戦争直後のイラク代表チームに密着したことがあった。その中にもクルド人の選手はいた。北部のクラブ、アルビールでプレーしていたラフィド・アフマドである。サダム・フセイン大統領時代、クルド人は酷い迫害を受けていたとされる。イラン・イラク戦争の末期に居住地のハラブジャで化学兵器が使用され、約五〇〇〇人が殺害されるという「ハラブジャ事件」が起こった。一説にはこの事件はイラン軍の仕業という見方もあるが、いずれにせよ中東においては根深いクルド差別の歴史が横たわる。ラフィドはそれでも屈託無くイラク人と交わり、「自分の夢はイラク代表監督」と語っていた。しかし、CWCに出場して来た彼らはやはり、インタビューではイラクとは明確な一線を引こうとしていた。元イラク代表の19番、ディアル・ラフマンは「その時代の話はあまりしたくない」と言い切った。聞けばディアルもアルビールでプレーしているという。

私が見た限り、実力的に今大会で最も強いと思ったチームはこのクルディスタンであった。ほとんどがプロチームでプレーしており、ディアルのように代表に名前を連ねた選手もいる。何より、CWCにかけるモチベーションが高かった。監督は常にピリピリとした空気を周囲に発散し、「優勝するために来た」と公言して憚らなかった。堅固なクルドネットワークがあるため予算も潤沢で、イラク・クルド自治区のテレビ局KurdsatTVのクルーも常に帯同させていた。フランスやドイツ、スウェーデンをはじめヨーロッパ各国にあるクルド語の放送局にも映像は流されるという。国家を持たぬ民族ゆえにその存在を世界に知らしめるには格好の国際大会である。クルディスタンのアンセムはまた勇壮なもので、選手は全員が右手を胸にあてて歌う。サポーターも数多くつめかけて来た。ホイッスルが鳴る。ＦＣ ＫＯＲＥＡはどのように戦うのか。

初戦同様に、前半一五分まで自らのキックで相手の戦術をリサーチしていたチェグンは、こんなふうに分析していた。「クルドは真ん中の選手が上手い。特にボランチに技術があって、引いたり上がったりの上下動が頻繁に行われるのでそれにつられてサイドが機能するし、バックも（ロングボールを）蹴らずに済んでいる。このチームは本当にレベルが高いのでしっかり見極めて慎重にゲームに入る必要がある」。フィールドの選手への指示はだから、真ん中は離しておこうというものだった。「中央の選手は上手いんでそこでボールを回されるのは仕方が無い。それはええけど、サイドに（ボールを）流されたときにうちも釣られてワイドに開いて間延びしてマークが外されるのはあかん。ワイドに出たときに一対一になったら、個人能力では勝てない。外に出たときは引き剝がされるんじゃなくて、ゴールは真ん中から動かないんだから逆に真ん中を（ＤＦの）枚数をかけて固めよう」

監督代行のユンも、丁寧にビルドアップしてくるクルディスタンの実力を高く評価し、日本のＪ３には匹敵すると見ていた。選手には運動量で負けないように伝えた。先発メンバーは連戦の中、対照的に中一日の休養があったクルディスタンを相手に健闘した。しかし前半二五分、こらえていた堤防が決壊する。中盤で回していたボールをパスカットされ、左サイドに持って行かれた。ＤＦが慌ててフォローに入るが、早めにクロスが出された。ボールはペナルティエリアを横断する形でゴール右隅に飛来し、そこに元イラク代表のディアルが飛び込んできた。「僕は今の代表でのプレーに幸福を感じる」と言う19番は左足ボレー一閃《いっせん》、チェグンとポストの間の狭いスペースをぶち抜いた。後に大会ベストゴールのひとつに選出されるスーパープレーで先制された。前半は終了間際にもＰＫを取られ、０対２。後半はメンバーを二人入れ替えて粘り強く戦うが、七一分に追加点を決められた。０対３での敗戦。個々の能力、組織戦術、大会にかけるモチベーション、それぞれが充実していたクルディスタンはやはり強かった。完敗ではあるが、それでも小さな身体で最後まで諦めずに走ろうとするＦＣ ＫＯＲＥＡの選手の姿勢にスタジアムの観衆は惜しみない拍手を送った。試合後、芝の上でうずくまる選手全員にディアルは握手を求めて回った。このころから、チームにファンが付き始めた。特にプレースキックを蹴るＦＷの19番、キム・スヨンにはサインをねだる女子小中学生が現れた。

躍動するFC KOREA

六月一日。三戦目は決勝トーナメントの第一戦である。勝てばベスト4が決まる。五月二八日に関東社会人リーグの最終節で、さいたまＳＣとの試合を行っているので移動日を挟んだ四連戦というハードな日程となった。

対戦はCWCの常連国の北キプロス・トルコ共和国。一九八三年に隣国トルコの軍事支援を得てキプロスからの分離独立を宣言した国である。キプロスは一九六〇年に英国から独立。ギリシア系（人口の約八〇％）とトルコ系（約二〇％）の住民が暮らしていたが、一九七四年にギリシアとの統合を目指すギリシア軍事政権とギリシア人将校を中心としたキプロス軍が結託してクーデターを起こし、穏健派のマカリオス大統領の暗殺を試みた。マカリオスは脱出に成功して亡命するが、首都ニコシアはギリシアの後押しを受けたクーデター軍に制圧される。ここに同胞の保護を名目としてトルコ軍が軍事介入し、トルコ系住民の多かった北部を実効支配して現在に至る。キプロスは北と南に分断されているが、北を国家承認しているのはトルコだけである。

北キプロスもまたグループリーグの戦い方からその評判は高かった。クルディスタン同様に大会にかける意気込みはすさまじく、宿舎も選手村であるアイタールを出てスフミの五つ星と言われる（とは言え、普通のビジネスホテルだが）アトリウム・ヴィクトリアに予算を組んで宿泊するという熱の入れようだった。ロビーで会った選手に、アイデンティティーについての質問を投げかけると「自分はトルコ人」と口を揃えた。世代的には皆、キプロスが分断された後に生まれているが、キプロス人としての意識は持てないという。スタジアムにたなびく北キプロスの国旗を見ればその出自は一目瞭然で、トルコの新月旗の赤白を反転させたものである。

肝心の試合。下馬評では圧倒的に北キプロスを優勢とする者が多かった。マネージャーのチャノも次の対戦相手を関係者に告げるたびに、憐憫に似た表情を返されたという。「せっかく決勝トーナメントに来ても一回戦の相手が悪かったな」というわけである。確かにセーケイランドやクルディスタンは「地域」であったが、まがりなりにも北キプロスは「国家」。国の威信をかけて代表強化をして来ている。予選ではヨーロッパ選手権優勝のパダーニャを下している。しかし、いざホイッスルが鳴るとFC KOREAが最も内容的に躍動したのが、この北キプロス戦であった。実質的な四連戦目で、疲労はピークにあるにもかかわらず、気持ちを前面に出して、走り、繋ぎ、身体を張った。球際の競り合いも臆することなく大きな相手にぶつかっていった。チェグンは「北キプロスは臨機応変に対応してくるチーム」と見ていた。「俺らがやられて嫌なサッカーをやってくるけど、それなら逆に俺らも相手が嫌なサッカーをやってやろう」。試合のペースを握ろうとしたが、それでも北キプロスは攻守の切り替えが早いので、なかなか落ち着くことができなかった。三〇分に中途半端なクリアを猛然と突っ込んで来た相手の22番にさらわれ、そのままペナルティエリアに侵入されてしまう。右からの角度の無いポジションを見て、チェグンがスペースを絞りきったかに見えたが、股下を冷静に、強烈に抜かれてしまった。リードされたまま前半は終了した。しかし、この試合では誰も下を向かなかった。後半、フィールドから出る声が途切れることもなかった。スタンドから俯瞰《ふかん》していると選手間の距離が縮まり、共通理解の下でボールを動かしている意図が伝わって来た。結果が出たのが、五三分。左からのFKをスヨンが蹴ると、Tリーグ出身のアン・ソンテが闘将仕込みの魂でするすると裏に抜け出して見事にボレーで合わせた。同点。ここからは押し続けた。身長差をカバーするように少ないタッチ数のショートパスでボール支配率を高め、危険な局面を作らせなかった。逆に北キプロス守備陣を崩して決定的なチャンスを二度演出した。残念ながらゴールは決まらなかったが、中立的な立場にいた観衆を味方に巻き込んでいった。期せずして「コリア」コールが起こった。九〇分で決着がつかずPK戦。全員で組んだ円陣に向かって鼓舞するような盛大な歓声がホームスタンドから降りかかった。アブハジア人もCONIFAのスタッフも他のチームも、明らかに初出場のこのチームに大きな好感を抱いていた。PK戦は結局、二人が外して負けてしまったが、勝利が確定したときの北キプロスの選手の尋常ならざる喜びようを見るにつけ、いかに彼らが苦しい戦いを強いられていたかを誰もが実感した。FC KOREAの選手たちは記念写真を求められ、スヨンには「コリア=19」という手書きのボードを掲げるファンが出てきた。話しかけるとヤナとターニャ、二人ともまだ一〇代の前半、小学生であった。アブハジアで暮らす彼女たちにとって開かれた窓はロシアしかなく、このCONIFAの大会は初めて体験する「世界」であった。おそらくはコリアがどこにあって日本との関係がどうであるか、その背景など知る筈《はず》もない。それでも今、目の前で行われた試合を見て少なからず大きな関心とリスペクト、そして愛情を持った。それが私も嬉しい。日本人選手で出場した相葉翔太は、同じスペリングのＡＩＢＡがアブハジアで格調高い苗字とされていることから、人気となった。「アイバは誰だ？」とこちらは女子ではなく主に軍や警察の関係者に写真をねだられていた。

歓喜の輪

北キプロスに敗れて、準決勝には進めなくなったものの順位決定戦が残っている。あと二試合どちらも勝てば五位になれる。一日オフをおいた六月三日。対戦したのは北欧の少数先住民族サーミ人のチーム、サープミである。

スウェーデン、ノルウェー、フィンランド、ロシアにまたがる居住地域を日本ではラップランドと呼称することが多いが、これは元来辺境を意味し、英語に直されているということで当事者たちは嫌う。「我々の土地はサープミだ」と原語のプライドを崩さない。ＣＯＮＩＦＡの会長、ブランドがこのサーミ人で、第一回のＣＷＣの会場となったのが、スウェーデンのサープミであった。未承認国アブハジアのビザ取得や国境越えの煩雑さに頭を痛めていたころ、「スウェーデンなら楽だったのに」と思ったこともあったが、考えてみれば、ＣＯＮＩＦＡの精神から言えばアブハジアのような国で行うことにこそ意義がある。私や実川のような日本人や在日コリアンのメンバーがヤナやターニャに出会う機会はCONIFAが無ければ絶対にありえなかった。

FC KOREA、サープミ戦は、北キプロスとはうって変わって最低の出来であった。開始二分でDFの裏を取ったスヨンがゴールを決めたことで逆に気が緩んだのか、九分にPKで同点に追いつかれると、漫然とボールを蹴る時間帯が続いた。シュート数もボール支配率も圧倒しているにもかかわらず、得点の匂いがしない。後半一六分に相手FWにリフティングの個人技でかわされてゴールを許してしまった。あとはラインを低くしたスカンジナビアの長身チームを崩しきれず、試合終了の笛を聞いた。優勝が無くなり、休息日が入ったことで、少し気持ちの張りが途切れたのか。それでも出来の悪さは誰よりも選手たちが分かっていた。悔しい表情を隠そうともしない。アン・ソンテは実川に「すみませんでした」と挨拶に行ったという。責任感の強さゆえに応援してくれた人にいい試合を見せられなかったことの歯がゆさを感じていたのであろう。

CONIFAの理念の伝道師、実川はアブハジアに入国してからもチームのために精力的に動いていた。テクニカルミーティングやインタビューの通訳を買って出ては、英語、ロシア語、大阪弁を駆使して意思の疎通を図り、アブハジア大統領に対してはプロトコールで存在感を示し、怠惰なボランティアに活を入れ、ワインの一気飲みで盛り上げ、オフの日は黒海で抜き手を切ってみせた。チャノはミーティングの度に自分たちがここに来られるよう尽力してくれた人と、受け入れてくれた町の人たちへの感謝の気持ちを忘れるなと檄《げき》を飛ばしていた。選手もそれに応えてひとつになっていた。

いよいよ最終戦となる七位八位決定戦。皮肉なことにそれは0対3で敗戦を喫し、最も強いと感じさせられたクルディスタンとの再戦になった。クルディスタンは本来の実力であれば当然上位に行くべきチームであったが、これがサッカーという競技の困難さで、決勝トーナメントでは二試合連続のPK負けを喫してこの順位にまで落ちてきてしまったのだ。

試合会場はスフミから車で九〇分ほどのガグラという町。スタジアムは社会主義時代を思わせる古典的な門とオブジェが印象的な古い建物であった。驚いたことに、公共交通機関もほとんど無い山の中にもかかわらずヤナとターニャがまたスタンドにいた。普段はシャイで大人しい二人が、喉も裂けんばかりにコリア、コリアと叫んでいる。クルディスタンのサポーターに負けないように、続いては選手の名前のコール。未承認国家ゆえにアブハジアのニュースが外国で流されることはほとんどない。今回のCWCもニースとマン島のチームがそれぞれフランスと英国政府の渡航自粛勧告によって出場を断念していた。国際社会の中では存在しないことにされているアブハジアという国の中で、しかし、ヤナもターニャもしっかりと自分の人生を歩んでいる。そして彼女たちは今、精一杯好きなチームの応援をしている。

試合が始まる。FC KOREAにとってはリベンジのチャンスではあった。しかし、やはりクルディスタンは手強かった。メンバーを少し落としてきたが、高い技術と戦術で試合はコントロールされた。後半の三五分、中央でタメを作られてディフェンスラインの裏にスルーパスを通された。GKが触ろうとした直前に右から左に斜めに走り込んできたFWに右足アウトで方向を変えられてボールがゴールに向かう。DFホが必死に追いかけるが、そのままネットに吸い込まれた。技ありのゴールで先制されるとそのまま時間は経過し、時計の針は九五分を回った。ラストのワンプレーは敵陣前でもらったFKだった。これまでFC KOREAのシュート数は1。屈強なクルディスタンのDF相手にセットプレーでの競り合いは不利である。「これで終わりか」と誰もが思った瞬間、キッカーのスヨンは壁が作られる前にグラウンダーでボールを押し出した。虚を衝かれたクルディスタンのDF陣が混乱する中をアン・ソンテが抜け出して慎重にゴールマウス左隅に流し込んだ。ソンテによる前日の雪辱でもあった。「やった！」。ヤナとターニャが弾けるように立ち上がった。それに煽られるような歓声がバックスタンドから起こる。クルディスタン選手が、リスタートが早くないかと審判を囲んで抗議するが、受け付けられない。土壇場で追いついた。キックオフされるが、それは形だけですぐに試合終了。

あとはPK戦である。流れはFC KOREAにあった。ところが、一人目、同点弾の立役者スヨンがいきなりポストに当ててしまった。悪い予感が走る。しかしGKのチェグンがゾーンに入っていた。「ここで自分が頑張ることで勝ちを手繰り寄せられると思ってゴールマウスに立って集中していたら、何の音も聞こえんようになったんです」。ヤマを張って飛ぶことはせずにボールの動きを見切ると、二人目、三人目と連続してストップ。最後はのしかかる大きなプレッシャーの中で、シン・ヨンギが強烈に決めて勝利を手中にした。FC KOREAの初の国際大会は七位（全一二チーム中）で幕を閉じた。勝利に沸いている輪の中にディアルがまた握手に来てくれた。優勝を狙って来たクルディスタンはこれで三試合連続のPK戦負けでまさかの八位。それでも彼らは凛《りん》とした姿勢を崩さなかった。「これがクルドの誇りか」。下を向かない青いユニフォームの集団からはグッドルーザーという言葉が自然に浮かんできた。

翌日は決勝戦。ホームのアブハジアとパンジャブの対戦であった。五〇〇〇人収容のスタジアムは人で溢れかえり、フェンスや金網にまで観衆が鈴なりとなった。

かつてパンジャブはインドとパキスタンにまたがる地域であったが、第二次大戦後にインドとパキスタンの独立によって二つに分割されてしまった。そこに暮らす人々は国籍は別でもアイデンティティーはあくまでもパンジャブ人。パンジャブ代表チームの結成は彼らの悲願でもあった。

試合はそのパンジャブのFWの動きが傑出していた。ヨーロッパの一部リーグでもプレーできるのではないかとプレスの人間からも注目を浴びていた。CWCはまだメジャーな大会とは言い難いが、『ニューヨーク・タイムズ』をはじめ嗅覚の鋭い欧米のジャーナリストたちは大会に大きな意義を認めて数多く詰め掛けていた。彼らにも母国の外務省からは、アブハジアには行くなという勧告が出されている。先述したように前回大会で活躍したニースやマン島などは出場を自粛してしまったが、それでも記者はやって来たのだ。同業者の意気を感じて自然と仲は良くなる。フランス人の記者に「コリアはどの選手が印象に残った？」と聞くと「1番、2番、7番」。攻撃的な選手が好きだと言う。よく見ている。

ファイナルは1対1でPK戦までもつれこんだ。二人失敗したアブハジアがそこから盛り返してサドンデスになり、最後はまるでドラマのような逆転勝利を収めた。ゴールが決まった瞬間、スタンドからの群集のみならず、警備の警官隊までが、ピッチになだれ込んだ。芝の上のあちこちで歓喜の輪が弾ける。アブハジアは成立過程と現在の国際情勢を冷静に見る限り、悲しいかな今の選手が現役の間は国連加盟どころか、ずっと未承認国家のままであろう。どれだけの努力を続けてもW杯に出場することが不可能な選手たちの気持ちが分かるからこそ、観客もその爆発的な喜びを一緒になって共有している。会場はそのまま閉会式へと移行していった。クロージングの演出は山岳民族らしい勇壮な舞踏。続いて出場国全てにメダルが授与される。「United Koreans in Japan」のアナウンスがなされるとひときわ大きな歓声が起こった。理事のヤン・ヤジックは「ユナイテッドコリアンズはCONIFAの趣旨を実践した。成績には不満かもしれないが、君たちは勝者だ」という言葉を贈った。統一チームという理念、未承認国でもゆるがず参加した意志、そしてピッチ内外での交流を高く評価された。五試合全ての指揮を執った監督代行ユン・ソンイから最後尾のマネージャーのソン・チャノまでゆっくりとステージに上がり、メダル授与のセレモニーをこなす。北朝鮮でも韓国でもない、在日コリアンのチームはその存在を紛れも無く世界に示した。皆、気高い表情で万雷の拍手を浴びる。このときの気持ちを、「観察するGK」チェグンはこんなふうに表現した。「自分はサッカー関係者に評価されたときはあったけど、一般人から評価されたことは無かったので、閉会式で歓声が上がったことが素直に嬉しかったです」。彼らの日本社会におけるサッカー選手としての繋がりのみならず、在日コリアンとしての繋がりを考える上で、私はこのチェグンの言葉の持つ深い意味を考え、そして噛みしめた。

式典が終わった。CONIFAが素晴らしいと思うのは、マイノリティやディアスポラ、国交の無い新興国のチームの存在をリスペクトして出場の機会を与えはするが、一方でそこに新たなナショナリズムが生まれることを毅然として拒むことである。アブハジア優勝の瞬間も「アブハジア独立バンザイ」というような政治的な演出は一切、無かった。それがまたおやかで友好的なムードをスタジアムにもたらしていた。ヤナとターニャはやっぱり応援に来ていた。ヤナは脚にケガをしたソンチョルのために自分の席を譲ってくれていた。名残惜しいが別れを告げる。実川が「ヤナは最後は涙目だったよ」と言った。彼女たちは日本から来たコリアンたちとのこの出会いをきっと忘れないだろう。

閉会式と合わせたように、この六月五日、川崎市中原区でのヘイトデモが中止に追いやられたとの情報が入る。ヨーロッパでは考えられない差別煽動が日本でようやく罪だと認められた。

帰国後の六月一四日。東京朝鮮高校のグラウンドを訪れた。FC KOREAの練習を久しぶりに見る。総監督が言った。「目標を感じたのかな。帰って来てから、誰も練習の手を抜かないんですよ」「CONIFA効果ですかね?」「そうかもしれない」と笑った。傍らで今シーズンを最後に現役引退を決めているユンが黙々とランニングを繰り返す。プロを目指すチェグンがセービングを続ける。彼らは仕事をしながらサッカーをするという日常に戻る。日常? ではCONIFAはファンタジーの世界であったのか。そうは思いたくない。あのアブハジアの出来事とは、地続きで全てが繋がっているのだ。サッカーで橋は架かる。架け続けていかなくてはならない。

エピローグ

二〇一六年四月一〇日。この日、横浜FCは水戸ホーリーホックとテストマッチをしていた。先発出場していた安英学はピッチの上で再びサッカーが出来る喜びを感じていた。

昨シーズンはケガに泣いたシーズンだった。思い返せば二年前の一一月の試合で痛めた箇所がなかなか完治せず、五ヶ月のリハビリをしてもフィットしなかった。対人プレーになると痛みが走るのだ。ドクターの見立てでは前十字靭帯が伸びていて慢性化しているので、あとは筋トレで強化するしかないというものであった。その診断を信頼していたが、アスリートとして悔いを残したくなく、セカンドオピニオンとして元浦和レッズの仁賀《にが》定雄ドクターの診察を望んだ。

仁賀は常に選手の人生を第一に考えてきた名医である。二〇〇七年、川崎フロンターレ時代の我那覇和樹（カマタマーレ讃岐）がドーピング冤罪に問われた際、一面識も無い選手であったにもかかわらず、仁賀は医師の良心にかけて見過ごすことができずに立ち上がった。サンフレッチェ広島の寛田司ドクターとともに冤罪を晴らすために寝食を削って気の遠くなるような量の文書を作成し、我那覇本人を励まし、ついには救い出した。その過程を描いた私の著作『争うは本意ならねど』をヨンハは読んでくれていたのである。

仁賀は診断を依頼されてもその選手の所属するチームのドクターを尊重する男である。紹介のメールをすると即座に「必ず横浜FCのドクターの許可を取って欲しい」という返信が戻って来た。それを伝えると律儀なヨンハはすぐにチームドクターに話して了承を得て来た。仁賀の診察は緻密で丁寧だった。三時間かけて問診をして、徹底的に痛みの原因を調べ上げた。診断の結果は半月板が裂けているということであった。

四月に手術を行い、そこからは地道なリハビリに取り組んだ。八月に復帰し、九月にベンチ入りを果たし、一一月一日のアビスパ福岡戦でついに先発出場を成し遂げた。選手としての半生を見れば分かるように、試合に出れば運命的な結果を出すヨンハである。一週間後の一一月八日の大分トリニータ戦では決勝ゴールをヘディングで叩き込みJ2残留を決定づけた。「ようやく間にあった」。人一倍、チームへの貢献を考える性格から、二〇一六年シーズンにかける意気込みは大きかった。

テストマッチが始まって約九分が経過したころだった。味方のDFからボランチのヨンハに縦パスが入った。水戸は激しいプレスで来るチームである。トラップが少し大きくなった。慌てて右足でボールを押さえようとした刹那、競りに来た相手選手の足の甲が膝裏に入った。

次の瞬間、今まで体験したことの無い激痛がヨンハの全身を貫いた。そのまま倒れ込み、動けなくなった。尋常でない大きなケガであることはもうこの段階で嫌でも気づかされた。尊敬するカズがすっ飛んできて身体をさすってくれていたが、あまりの痛みに反応ができないほどだった。翌日、ＭＲＩによる検査で下された診断は前十字の断裂であった。三八歳にして再び負ったひざの重症。復帰は少なくても半年は先になる。さすがに目の前が真っ暗になり、心が折れた。ヨンハは神妙な声でドクターに伝えた。「先生、もう治療しなくていいです」

これ以上、クラブに迷惑をかけるわけにはいかない。フロントに話してチームを離れようと思った。このままではクラブは戦力にならない自分に給料を払わなければならない。トレーナーも自分にかかりきりになるだろう。ならばここで身を引いた方が良い。

帰宅して妻にここで引退することを伝えた。「それで悔いは残らないの？　治療して復帰する気は無いの？」「いや、もういいんだ。迷惑をかけたくないんだ」

家族で食事に行くことにした。自宅近所の焼肉店に入店する際、ヨンハは言った。「先に入っていて、一本電話をしていくから」。受話器の向こうの人物に報告した。「今またこんなケガを負ってしまって復帰はまたシーズンも終わりかける半年先になると思います。チームのためにもこれで引退します」。パク・トゥギは答えた。「ヨンハ、こんな辞め方は絶対に後悔するぞ」「……」「プロになりたくてもなれなかった奴らがたくさんいるんだ」「……」「絶対に今辞めちゃだめだ」

脳裏にいろんな光景が浮かんで来た。浪人時代、コンディションを保つために練習場を探していて荒川でトゥギと知り合ったこと。そのトゥギとたった二人でプロを目指してトレーニングを始めたこと。豪雨の中、誰もいない東大グラウンドでボールを蹴ったこと。所属さえ無く、まだ何者でもなかった自分はそこからスタートしてプロになり、W杯まで出場したのだ。気がつけば往来の中で携帯を握りしめて泣いていた。「逃げたらだめだ」とそのとき思った。

家族の待つ店に入り、ヨンハは現役を続行することを妻に告げた。

このときの心境を問うと本人はこんな言葉で返して来た。

「プロサッカー選手としての時間がどれだけ残っているのか分かりません。でも最後まで自分の生き方を全うしなくてはいけないと考えたんです」

ああ、やはりヨンハはパイオニアとして自覚して動いていたのだなと改めて思った。日本社会や北朝鮮のサッカーシーンに自分自身をプレゼンテーションしながら、その歩んだ道筋に後進が続くことを知っていた。彼はずっと橋を架け続けて来た。

アルビレックス新潟時代を知るサポーターが以前、こんな話をしてくれた。「インターバル練習をしていたんです。そうしたらあるコーチがヨンハ選手に向かって『走れ、将軍様』と声をかけたんです。何てことを言うんだと思ってハッとしたんですが、ヨンハ選手は機知で切り返して誰も傷つけずに場をむしろ和ませてダッシュを重ねたんです。すごく心の強い人だなと感じ入りましたよ。彼が新潟に来てくれたおかげで僕も学ぶことができました。本当に現役の最後はもう一度アルビレックスでプレーして欲しいですよ」

Jリーグも北朝鮮代表もKリーグも属性から言えば彼にとっては、すべてがアウェイであったであろう。覚悟して朝鮮籍の後進のために道を切り開きながら、それでいて自分の道こそが唯一正しいというような言い方を彼はしない。筋を通さない事は嫌うが、朝鮮学校出身者のコミュニティの中では批判が厳しい日本国籍取得を選んだ李忠成の生き方に対しても「同じサッカー選手として応援していますよ。僕はだから未だにタダナリじゃなくてチュンソンと呼んでいます」と言う（そのチュンソンが浦和レッズを結果的に救ったエピソードは第八章に記した）。

ヨンハの現役生活を最後まで見届けたいと強く思った。そして願わくば新潟でのプレーを私ももう一度見てみたい。

最後に

本書は『すばる』に連載した「朝鮮高校サッカー部を辿る旅」を基に再構成したものである。

在日選手ひとりひとりの生き様を見れば「特権」どころかいかに厳しい境遇を生き抜いて来たかが理解できるはずだ。それでも勇気を持ってコミュニティから飛び出して来た彼らが民族名でプレーするだけでネット上では中傷があふれる。Ｊの村井チェアマンが示した毅然とした態度を実社会もとるべきである。

連載中は様々な意見や感想を頂戴した。中に「北朝鮮のスポーツの代表選手は政治や祖国の人権問題にもっと関心を払うべきではないか」というものがあった。このエピローグを書いている現在も在英国の北朝鮮公使が韓国に亡命したことをＢＢＣが伝えている。しかし、純粋に国家代表を目指すアスリートに対して踏み絵のような質問をするのは控えるべきだと私は考えている。そして彼らの名誉のためにも記すが、スポーツ選手は人権問題に決して無関心ではない。考えてみて欲しい。彼らこそが、かような報道で最も傷ついているということを。

編集の労をとって頂いた清田央軌さん、吉田威之さん、そして渡辺千弘さん、データ収集を協力頂いた福田優美さん、庭田悟さんにお礼申し上げます。

二〇一六年八月一八日

木村元彦

東大グラウンドで練習する安英学とパク・トゥギ
〈安英学 提供〉

木村元彦（きむら ゆきひこ）

ノンフィクションライター、ビデオジャーナリスト。東欧やアジアの民族問題を中心に取材、執筆活動を続ける。著書に『誇り』『悪者見参』『オシムの言葉』（二〇〇五年度ミズノスポーツライター賞最優秀賞）、『蹴る群れ』『終わらぬ「民族浄化」セルビア・モンテネグロ』『争うは本意ならねど』（二〇一二年度日本サッカー本大賞）、『徳は孤ならず』等。

橋《はし》を架《か》ける者《もの》たち——在日《ざいにち》サッカー選手《せんしゅ》の群像《ぐんぞう》

二〇一六年九月二一日 第一刷発行　　集英社新書〇八四九N

著者……木村元彦《きむらゆきひこ》

発行者……茨木政彦

発行所……株式会社集英社

東京都千代田区一ツ橋二-五-一〇　郵便番号一〇一-八〇五〇

電話　〇三-三二三〇-六三九一（編集部）
〇三-三二三〇-六〇八〇（読者係）
〇三-三二三〇-六三九三（販売部）書店専用

装幀……新井千佳子（MOTHER）

印刷所……大日本印刷株式会社　凸版印刷株式会社

製本所……加藤製本株式会社

定価はカバーに表示してあります。

ISBN 978-4-08-720849-8 C0236

糖尿病は自分で治す！
福田正博　0839-I
糖尿病診療歴三〇年の名医が新合併症と呼ぶ、がんや認知症、歯周病との関連を解説、予防法を提唱する。

3・11後の叛乱 反原連・しばき隊・SEALDs
笠井 潔／野間易通　0840-B
3・11後、人々はなぜ路上を埋めつくし、声を上げはじめたのか？　現代の蜂起に託された時代精神を問う！

感情で釣られる人々 なぜ理性は負け続けるのか
堀内進之介　0841-C
理性より感情に訴える主張の方が響く今、そんな流れに釣られないために「冷静に考える」方法を示す！

日本会議 戦前回帰への情念
山崎雅弘　0842-A
安倍政権を支える「日本会議」は国家神道を拠り所に戦前回帰を目指している！　同組織の核心に迫る。

ラグビーをひもとく 反則でも笛を吹かない理由
李淳馹　0843-H
ゲームの歴史と仕組みを解説し、その奥深さとワンランク上の観戦術を提示する、画期的ラグビー教本。

「戦後80年」はあるのか
――「本と新聞の大学」講義録
モデレーター　一色 清／姜尚中
内田 樹／東 浩紀／木村草太／
山室信一／上野千鶴子／河村小百合　0844-B
日本の知の最前線に立つ講師陣が「戦後70年」を総括し、今後一〇年の歩むべき道を提言する。人気講座第四弾。

永六輔の伝言 僕が愛した「芸と反骨」
矢崎泰久 編　0845-C
盟友が描き出す、永六輔と仲間たちの熱い交わり。七月に逝った永さんの「最後のメッセージ」。

東京オリンピック「問題」の核心は何か
小川 勝　0846-H
「オリンピック憲章」の理念とは相容れない方針を掲げ進められる東京五輪。その問題点はどこにあるのか。

ライオンはとてつもなく不味い〈ヴィジュアル版〉
山形 豪　041-V
ライオンは、不味《まず》すぎるため食われずに最期を迎える……等々、写真と文章で綴るアフリカの「生」の本質。